AF589948

ANALYSE CHIMIQUE
DES QUINQUINA,

PAR

MM. PELLETIER ET CAVENTOU,

MEMBRES TITULAIRES DE L'ACADÉMIE ROYALE
DE MÉDECINE, etc., etc.

SUIVIE

D'OBSERVATIONS MÉDICALES SUR L'EMPLOI

DE LA QUININE ET DE LA CINCHONINE.

PARIS,

CHEZ L. COLAS FILS, IMPRIMEUR-LIBRAIRE,
Rue Dauphine, n°. 32.

1821.

IMPRIMERIE DE FAIN, PLACE DE L'ODÉON.

INTRODUCTION.

Nous offrons ici le Recueil de nos Analyses des principales espèces de quinquina usitées en médecine : Analyses qui n'avaient été que successivement publiées. Nous y avons joint un Essai chimique sur les écorces de saule et de marronier d'Inde, employées comme succédanées des quinquina, dans les temps où il était si difficile de se procurer ces derniers médicamens.

La découverte de la quinine et de la cinchonine, principes actifs des quinquina, ayant donné lieu à plusieurs observations thérapeutiques, nous avons cru devoir en enrichir cet opuscule, et nous les publions par extrait avec l'agrément de leur auteur. Nous y joignons aussi le rapport que MM. Vauquelin, Deyeux et Thénard ont bien voulu faire à l'Académie des sciences sur le Mémoire que nous avons eu l'honneur de lui présenter, et le rapport que MM. Pinel, Thénard et Hallé ont fait sur l'emploi de la quinine dans le traitement des fièvres intermittentes.

Quelques espèces de quinquina citées par des auteurs de matières médicales n'existent plus dans le commerce et sont rares dans les collections ; nous n'avons pu les examiner jusqu'ici. Nous ferons nos efforts pour nous les procurer et pouvoir compléter notre Essai de quinologie chimique.

RAPPORT

SUR UN MÉMOIRE

DE MM. PELLETIER ET CAVENTOU,

Ayant pour objet l'analyse des quinquina.

De tous les travaux qui ont été faits dans ces derniers temps sur les végétaux, celui que MM. Pelletier et Caventou ont présenté à l'Académie sur les quinquina, est sans contredit le plus intéressant.

En effet, il nous fait connaître dans ces écorces une substance particulière qu'on peut obtenir séparée de tous les autres principes qui l'accompagnent, et dans lequel paraît résider la vertu fébrifuge des quinquina.

Ce que ce travail offre encore de fort utile pour la médecine, c'est qu'il peut servir à faire rejeter du commerce toute espèce de quinquina qui ne contiendra pas le principe dont nous parlons; et alors on pourra compter sur des effets certains et constans de ces médicamens précieux.

Tout en rendant justice à MM. Pelletier et Caventou, sur la part qu'ils ont à la découverte du principe fébrifuge des quinquina, nous devons dire cependant qu'un chimiste portugais, M. Gomès, dont, il est vrai, MM. Pelletier et Caventou ont cité le travail, avait signalé ce principe; mais il n'en avait pas aperçu la principale propriété, savoir l'alcalinité.

Le procédé qu'emploient MM. Pelletier et Caventou pour obtenir ce principe à l'état de pureté, est à peu près le même que celui de M. Gomès ; lequel consiste à laver l'extrait alcoholique de quinquina par de l'eau légèrement alcalisée jusqu'à ce que les eaux de lavage cessent de se colorer.

L'eau alcalisée remplit ici deux fonctions à la fois, l'une de dissoudre la matière colorante, l'autre de s'emparer de l'acide uni au principe fébrifuge, et qui le rendait soluble.

Le principe fébrifuge reste alors combiné seulement à une petite quantité de matière grasse dont on le débarrasse aisément en le dissolvant dans l'acide hydrochlorique faible.

Ensuite on le précipite par un alcali, on le redissout dans l'alcohol pour l'obtenir cristallisé. C'est le *cinchonin* pur qu'il vaudrait peut-être mieux appeler cinchonine, cette dénomination serait plus en harmonie avec celles qu'on a données aux substances alcalines végétales découvertes depuis quelque temps.

Un autre procédé plus expéditif, inventé par MM. Pelletier et Caventou pour arriver au même but, consiste à traiter à chaud l'extrait alcoholique de quinquina par l'acide hydrochlorique faible, à précipiter le cinchonin par la magnésie en excès, à laver le précipité et à le faire sécher au bain-marie ; à dissoudre le principe actif du quinquina par l'alcohol.

Voici maintenant les propriétés que cette matière a présentées à l'examen de MM. Pelletier et Caventou ; elle est blanche, cristalline, amère comme le quinquina lui-même, sans en avoir l'astringence, presque insoluble dans l'eau; très-soluble dans l'alcohol, l'éther, et formant avec les acides qu'elle neutralise comme les alcalis minéraux, des sels solubles et cristallisables.

On détermine ensuite la capacité de saturation de cette substance pour les acides, et on examine les propriétés des sels qui résultent de ces combinaisons; la plupart sont solubles et susceptibles de cristalliser; il faut en excepter seulement celles qu'elle forme avec des acides oxalique, gallique et carbonique qui sont très-peu solubles. D'après cela, on conçoit aisément comment le *cinchonin*, quoique insoluble par lui-même, se trouve cependant dans les infusions et décoctions de quinquina, c'est qu'il est uni dans cette écorce à un acide qui le rend soluble.

Le peu de solubilité du gallate de *cinchonin* pourrait peut-être expliquer la cause du précipité abondant que la teinture de noix de galle produit dans une infusion d'une bonne espèce de quinquina.

Ne serait-ce pas aussi à ce principe qu'est due la propriété connue depuis long-temps des médecins, de détruire la propriété émétique du tartre stibié? Cela est vraisemblable.

En recherchant le cinchonin dans plusieurs espèces de quinquina, MM. Pelletier et Caventou sont arrivés à un singulier résultat: c'est que le quinquina jaune contient un principe alcalin analogue à celui du quinquina gris, qui en diffère cependant sous certains rapports; par exemple, il ne cristallise point et ne sature pas les mêmes quantités d'acide, etc. Le quinquina rouge contient à la fois les deux espèces d'alcali dans des proportions considérables. Pour distinguer cette seconde espèce de principe, ils ont proposé de le nommer *quinine*.

La différence qui existe entre le *cinchonin* et la *quinine*, soit relativement à leur nature, soit relativement aux quantités respectives dans les trois espèces de quinquina, peut en quelque sorte expliquer les légères variations dans les effets remarqués par les médecins dans l'administration de ces écorces.

MM. Pelletier et Caventou nous paraissent avoir établi par des raisons plausibles que les deux principes alcalins dont nous venons de parler sous le nom de *cinchonin* et de *quinine*, sont les vrais principes fébrifuges et antipériodiques des quinquina. Cependant l'expérience doit prononcer en définitif sur cet objet. D'après cela, il est vraisemblable que tout quinquina qui ne contiendra pas l'une ou l'autre de ces matières, ne sera pas fébrifuge.

Les caractères bien dessinés que les auteurs du Mémoire dont nous venons de rendre compte, ont donnés du cinchonin et de la quinine, pourraient, ainsi que les moyens indiqués pour les obtenir, servir à la faire découvrir dans les végétaux indigènes, si par hasard elle y existe.

Indépendamment de ces principes essentiels, MM. Pelletier et Caventou ont trouvé dans les quinquina beaucoup d'autres substances qu'ils ont mieux caractérisées que ne l'avaient fait ceux qui les ont précédés sur le même sujet. Parmi ces matières, les plus intéressantes sont deux matières colorantes rouges, l'une soluble dans l'eau, l'autre insoluble ; mais nous renvoyons au Mémoire des auteurs pour connaître les diverses propriétés de ces corps et la manière de les séparer les uns des autres.

Nous terminerons ce rapport en disant que le travail de MM. Pelletier et Caventou est intéressant sous tous les rapports, et que nous le croyons très-digne d'être inséré dans les volumes des savans étrangers.

Signé, DEYEUX, THÉNARD, VAUQUELIN.

L'Académie approuve le rapport et en adopte les conclusions.

Certifié conforme à l'original,

Le secrétaire perpétuel conseiller d'état, chevalier de l'Ordre Royal de la Légion-d'Honneur,

Baron CUVIER.

RECHERCHES

CHIMIQUES

SUR LES QUINQUINA;

PAR MM. PELLETIER ET CAVENTOU.

Ier. Mémoire lu à l'Académie des Sciences, le 11 septembre 1820.

§ Ier.

A chaque époque de ces grandes découvertes qui ont étendu la sphère de la science, les chimistes ont cru devoir reprendre quelques travaux de leurs devanciers; guidés par de nouvelles lumières, ils sont arrivés souvent à des résultats qui avaient échappé à des savans distingués qui s'étaient trouvés dans des circonstances moins avantageuses.

Les quinquina se trouvent placés à la tête de ces substances, qui sont comme périodiquement soumises à une nouvelle investigation. Il serait en effet difficile d'énumérer les travaux entrepris sur ces écorces depuis Bucquet et Seguin jusqu'à ceux dont M. Laubert a enrichi la science. Qu'il nous soit cependant permis de rappeler la grande dissertation de Fourcroi, qui long-temps fut un modèle d'analyse végétale; citons aussi l'examen de dix-huit espèces de quinquina entrepris par M. Vauquelin, travail remarquable par son étendue et par ses résultats, puisque, dans ce mémoire, M. Vauquelin a enrichi la chimie végétale d'un acide nouveau ; a donné des caractères certains pour reconnaître les quinquina véritablement fébrifuges, et a fourni aux chimistes de nouveaux moyens analytiques. Nous rappellerions encore un mémoire de M. Reuss, de Moscow, si les travaux de M. Gomès, de Lisbonne, ne réclamaient toute notre attention. C'est à ce dernier chimiste qu'on doit la découverte d'un principe particulier dans le quinquina ; principe que nous avons reconnu être une base salifiable organique, dont l'étude fera un des objets de notre mémoire.

§ II.

Maintenant si nous étions obligés de donner les raisons qui nous ont engagés à travailler sur les quinquina après tant de chimistes recommandables, nous avouerions que ce sont les considérations que nous venons de présenter. La découverte des alcalis végétaux fait époque dans la science ; elle explique une foule d'anomalies qui se rencontraient dans l'analyse végétale. Les bases salifiables organiques ont des propriétés si particulières, elles sont si constamment la matière active des végétaux qui les recèlent, qu'il était naturel de les rechercher dans les quinquina. D'ailleurs si le cinchonin découvert par M. Gomès dans le quinquina gris est, comme l'assure ce médecin, la substance en vertu de laquelle cette écorce agit sur l'économie animale, bien que ce savant assure qu'elle n'est ni acide ni alcaline, n'était-il pas nécessaire d'examiner s'il n'y avait pas erreur dans la dernière partie de la proposition. Telles sont les réflexions qui nous ont suggéré l'idée d'entreprendre de nouvelles recherches sur les quinquina : une fois entrés dans cette carrière, nous avons poussé nos travaux au delà du but que nous nous étions d'abord proposé ; les propriétés que nous avons trouvées à la cinchonine se lient tellement à celles des autres substances qui l'accompagnent, que nous n'avons pu nous dispenser d'étudier toutes ces substances dans leur ensemble.

§ III.

Ayant examiné plusieurs espèces de quinquina, nous trouverons dans l'énoncé de ces espèces les titres des sections qui doivent diviser ce mémoire; l'histoire particulière des différens principes qu'ils recèlent donnera lieu à quelques chapitres. Nous allons nous occuper d'abord de l'examen chimique du quinquina gris (*kina loxa*, *cinchona condaminea*), généralement regardé comme le type de ces diverses écorces.

§ IV. *Du quinquina gris* (cinchona condaminea).

Notre premier but ayant été d'examiner la matière cristallisable indiquée par M. Gomès dans le quinquina gris, matière nommée cinchonin par cet auteur, nous avons dû chercher à nous la procurer: à cet effet nous avons suivi le procédé de M. Gomès, tel qu'il est rapporté par M. Laubert, qui en avait eu communication par l'entremise de M. Vauquelin, et tel qu'il est relaté dans le Traité de Chimie de M. Thénard; nous citerons textuellement ce passage.

« Le procédé consiste à laver successivement, avec de » l'eau distillée, l'extrait alcoholique de quinquina, et à » séparer par ce lavage la substance rouge insoluble qu'il » considère comme le *principe extractif*: il réunit et éva- » pore à siccité les liqueurs aqueuses; il lave ensuite le se- » cond extrait avec de l'eau saturée de potasse, qui en- » traîne, selon lui, le reste de l'extractif, et laisse le cin- » chonin sur le papier employé à filtrer les liqueurs; » enfin il purifie ce cinchonin en le faisant dissoudre dans » de l'alcohol; et en le précipitant de sa dissolution par l'eau » distillée, il se réunit en petits cristaux, et il est parfaite- » ment pur. Ce procédé se réduit donc, en dernière ana- » lyse, à traiter l'extrait alcoholique par l'eau et la potasse,

» en regardant comme extractif tout ce que l'eau n'a pas dis-
» sout et tout ce qui a été dissout par la potasse. »

Nous remarquerons ici que la substance obtenue n'est pas encore entièrement pure, et qu'elle contient une matière grasse. Cette matière n'en masque cependant pas entièrement les caractères; on peut déjà s'apercevoir qu'elle jouit des propriétés alcalines. Cette remarque n'a pas échappé à la sagacité de M. Houton de Labillardière, neveu. Ce jeune chimiste, préparant du cinchonin pour une leçon de M. Thénard, fut frappé de l'analogie que le cinchonin avait avec les alcalis végétaux déjà connus, ce qui était conforme à nos observations : ses occupations particulières ne lui ont pas permis d'entreprendre un travail suivi sur ce sujet, et lui-même nous a engagés à continuer nos recherches; nous n'en devons pas moins reconnaître ici la justesse de ses observations.

§ V. *Procédé pour obtenir le cinchonin.*

Voici la méthode que nous avons cru d'abord devoir employer pour nous procurer le cinchonin à l'état de pureté.

Nous avons traité à chaud deux kilogrammes de quinquina gris concassé par six kilogrammes d'alcohol fort : nous avons répété quatre fois cette opération; les teintures alcoholiques ont été réunies et distillées pour retirer tout l'alcohol; nous avons eu soin d'y ajouter deux kilogrammes d'eau distillée, afin que la matière dissoute dans l'alcohol fût garantie de l'action immédiate du calorique après la séparation de l'alcohol. Cette substance, reçue sur un filtre qui donne passage à la liqueur aqueuse, était d'une couleur rougeâtre d'apparence résineuse; dans cet état elle fut lavée sur le filtre même, avec de l'eau légèrement alcalisée par de la potasse : la liqueur qui était passée à travers le filtre, servit de première eau de lavage après avoir été préalablement alcalisée. Après plusieurs jours de lavage, les liqueurs alcalines passant limpides et sans couleur, la matière restée sur le filtre fut lavée avec une masse assez considérable d'eau distillée; elle était alors d'un blanc verdâtre, très-fusible, soluble dans l'alcohol, et donnait des cristaux; c'était le *cinchonin* du docteur Gomès : elle avait, dans cet état, quelques caractères des substances résineuses; mais en la dissolvant dans un acide très-étendu d'eau, elle abandonnait une quantité considérable de matière grasse d'une couleur verte, qui avait tous les caractères de la matière grasse verte obtenue pour la première fois par M. Laubert, en faisant immédiatement agir l'éther sulfurique sur le quinquina. Nous remarquerons ici que si on employait un acide trop concentré, une grande quantité de matière grasse resterait en dissolution dans la liqueur, et le cinchonin qu'on en retirerait postérieurement s'en trouverait souillé.

La liqueur acide (c'est l'acide hydrochlorique que nous employions) était d'un jaune doré; évaporée, elle donnait des cristaux solubles dans l'alcohol et dans l'eau. Sa saveur était très-amère; elle précipitait abondamment par les solutions alcalines; les gallates, les oxalates alcalins y faisaient des précipités solubles dans l'alcohol, etc. Sans nous arrêter davantage à ces propriétés, que nous ne pourrions expliquer dans le moment, nous avons traité la dissolution par de la magnésie bien pure, et à l'aide d'une légère chaleur: le mélange a été alors jeté sur un filtre après son entier refroidissement, et le précipité magnésien a été lavé avec de l'eau: les premières eaux de lavages étaient jaunes, elles ont fini par être incolores. Le précipité magnésien suffisamment lavé et desséché au bain-marie, a été traité à trois reprises par de l'alcohol à 40°; les liqueurs alcoholiques très-amères, légèrement jaunâtres, ont donné, par évaporation, des cristaux en aiguilles d'un blanc sale. Ces cristaux redissous dans de l'alcohol, et remis à cristalliser, ont donné une matière cristalline très-blanche et brillante : on peut aussi obtenir des cristaux très-blancs en les lavant à froid avec un peu d'éther sulfurique. Ces cristaux sont du cinchonin très-pur. Pour conserver l'harmonie de la nomenclature, il fallait changer le nom de cinchonin en celui de cinchonine, puisque les bases salifiables organiques déjà connues ont une terminaison de ce genre. Par respect pour les droits de M. Gomès, nous n'avions pas fait ce changement lors de la lecture de notre mémoire à l'Académie; mais MM. Vauquelin, Thénard et Deyeux, commissaires de cette société, ont passé par-dessus cette considération.

§ VI. *De la cinchonine.*

La cinchonine obtenue par évaporation lente de sa solution alcoholique, se présente en aiguilles prismatiques déliées dont on ne peut déterminer la forme cristalline; par évaporation plus rapide elle se dépose en plaques blanches translucides cristallines, réfractant fortement la lumière.

La cinchonine est très-peu soluble dans l'eau; elle demande deux mille cinq cents fois son poids d'eau bouillante pour se dissoudre : par le refroidissement la liqueur devient légèrement opaline, ce qui prouve que la cinchonine est encore moins soluble à froid.

La cinchonine a encore une saveur amère particulière; mais cette saveur est longue à se développer, et a peu d'intensité en raison de l'insolubilité de cette substance : elle se développe dans la cinchonine rendue soluble par son union avec les acides; elle est alors très-amère, styptique et persistante, en tout semblable à celle d'une forte décoction de quinquina, à cela près qu'elle est moins astringente, l'astringence du quinquina étant particulièrement due à un autre principe. La cinchonine exposée à l'air ne s'altère pas; cependant à la longue, elle absorbe de l'acide carbonique; et quand on la dissout alors dans une liqueur acide, elle produit une légère effervescence.

Exposée à l'action du calorique dans des vaisseaux fermés, elle ne se fond pas avant de se décomposer ; les produits qu'elle fournit par la distillation à feu nu, sont ceux que produisent en général les matières végétales non azotées. Distillée avec de l'oxide de cuivre dans un appareil convenable, elle ne fournit que de l'eau et de l'acide carbonique. Elle est donc composée d'oxigène, d'hydrogène et de carbone en certains rapports ; et l'azote n'entre pas dans sa composition. Brûlée par le nitrate d'ammoniaque, la cinchonine ne laisse aucune trace de matières minérales, alcalines ou terreuses. Elle est très-soluble dans l'alcohol, surtout à l'aide de la chaleur ; une solution alcoholique saturée à la température de l'ébullition cristallise par le refroidissement : les solutions alcoholiques de la cinchonine sont très-amères, ce qui prouve encore que le peu d'amertume de la cinchonine pure provient de son insolubilité. La cinchonine se dissout dans l'éther ; cependant elle y est beaucoup moins soluble que dans l'alcohol, surtout à froid ; elle se dissout aussi, quoiqu'en bien petites quantités, dans les huiles fixes ou volatiles, du moins dans l'huile de térébenthine ; ces dissolutions sont très-amères. L'huile de térébenthine saturée de cinchonine à une température élevée, l'abandonne en grande partie sous forme cristalline, par le refroidissement : elle ne se dépose pas de ses dissolutions dans les huiles fixes.

§ VII.

Nous allons maintenant considérer la cinchonine sous le point de vue de l'alcalinité que nous lui avons reconnue. La cinchonine ramène au bleu le papier de tournesol rougi par un acide ; elle s'unit à tous les acides, et peut former des combinaisons neutres, et sans aucune action sur le tournesol, avec les acides minéraux les plus énergiques. Ces combinaisons se présentent sous des aspects différens, et sont dans des proportions constantes : nous parlerons de chacune d'elles en particulier.

La cinchonine ne s'unit pas aux corps combustibles, ni à celles de leurs combinaisons avec l'oxigène, qui ne sont pas acides. Lorsqu'on traite de la cinchonine par de l'iode avec l'intermède de l'eau, l'iode est changé en acides iodique et hydriodique qui restent combinés avec la cinchonine à l'état de sels neutres. Tant que les liqueurs sont chaudes elles restent transparentes, mais par le refroidissement il se précipite une poudre blanche qui est un mélange d'iodate et d'hydriodate de cinchonine, puisqu'en versant dessus de l'acide sulfurique il se fait sur-le-champ un dégagement d'iode très-marqué. Ce mode d'action de l'iode sur une substance végétale soupçonnée alcaline, nous paraît une des preuves les plus fortes à donner en faveur de l'existence réelle de l'alcalinité : il peut faire distinguer les alcalis végétaux de quelques autres substances qu'on pourrait regarder comme alcalines, en ne considérant que la propriété qu'elles pourraient avoir de se dissoudre dans les acides; les alcalis qui ne forment que des sels acides doivent, entre autres épreuves, être soumis à celle-ci.

§ VIII. — *Sulfate de cinchonine.*

L'acide sulfurique s'unit à la cinchonine, et forme avec cette base un sel neutre très-soluble : ce sel peut s'obtenir facilement cristallisé; ses cristaux paraissent être des prismes à quatre pans, dont deux plus larges; ils sont terminés par une face inclinée. Ces cristaux, quelquefois très-déliés, se réunissent ordinairement en faisceaux; ils sont un peu luisans, flexibles, leur saveur est très-amère : ce sel est soluble dans l'alcohol; il ne se dissout pas dans l'éther : exposé à l'action de la chaleur il se fond comme la cire, à une température peu supérieure à celle de l'eau bouillante; un degré de chaleur plus élevé le décompose.

Nous l'avons soumis à l'analyse d'après la méthode que nous avons exposée dans notre mémoire sur la strychnine;

et en employant toutes les précautions nécessaires, il nous a donné les résultats suivans :

Cinchonine	100
Acide sulfurique	13 0210 ;

ou

Acide sulfurique	100
Cinchonine	768 0646.

Si, d'après cette analyse, nous calculons le poids de la molécule de cinchonine, nous trouverons qu'il est de 38, 488, le poids de la molécule d'oxigène étant pris pour unité. Nous rappellerons ici que M. Thomson, ayant calculé le poids de la molécule des alcalis organiques découverts à cette époque, a trouvé les nombres suivans :

Morphine.	40 250 ;
Picrotoxine	45 000 ;
Strychnine	47 625 ;
Brucine.	51 500.

Il résulterait de ces considérations que la cinchonine serait l'alcali qui aurait le plus de capacité ; puis viendrait la morphine et la picrotoxine. Nous observerons cependant que si le poids de la molécule de picrotoxine a été calculé d'après l'analyse de son sulfate, ce sel étant toujours avec excès d'acide, son nombre proportionnel est peut-être un peu trop faible. En général, il est difficile d'établir d'une manière rigoureuse le nombre proportionnel des alcalis qui saturent imparfaitement les acides ; c'est ce qui fait que, dans notre mémoire sur l'analyse des plantes de la famille des colchiques, nous n'avons pas cru devoir donner celui de la vératrine.

L'acide sulfurique ne paraît pas former avec la cinchonine de sur-sel. Les cristaux obtenus d'une solution de cinchonine dans un excès d'acide sulfurique, ne différaient pas sensiblement de ceux obtenus d'une solution neutre :

ils pouvaient, d'ailleurs, être dépouillés de leur excès d'acide par des cristallisations subséquentes.

§ IX. — *De l'hydrochlorate de cinchonine.*

L'acide hydrochlorique forme avec la cinchonine un sel neutre très-soluble; ce sel peut cependant cristalliser : les cristaux se présentent en aiguilles réunies; il est impossible d'en déterminer exactement la forme. L'hydrochlorate de cinchonine est soluble dans l'alcohol; l'éther sulfurique n'en dissout que des traces. Il se fond à une température inférieure à celle de l'eau bouillante, et par conséquent moins forte que celle à laquelle le sulfate de cinchonine entre en fusion.

L'hydrochlorate de cinchonine est composé d'après la moyenne de plusieurs analyses, de

Cinchonine	100
Acide hydrochlorique	9,035.

D'un autre côté, si nous calculons l'analyse de l'hydrochlorate en faisant usage du nombre équivalent de cinchonine trouvé par l'analyse du sulfate, nous aurons

Cinchonine	100
Acide hydrochlorique. . . .	8,901.

Quantités très-rapprochées de celles trouvées par l'analyse directe. Nous adopterons de préférence ce dernier résultat pour la composition de l'hydrochlorate de cinchonine, parce que l'analyse de l'hydrochlorate ne nous paraît pas pouvoir être faite avec autant de précision que celle du sulfate.

§ X. — *Du nitrate de cinchonine.*

Pour préparer le nitrate de cinchonine, il faut employer de l'acide nitrique très-étendu; car l'acide nitrique concentré réagit sur les élémens de la cinchonine, et convertit celle-ci en matière amère et tannante. On peut obtenir un nitrate de cinchonine neutre lorsque la solution est assez concentrée, soit à chaud, soit à froid. Une portion du nitrate se sépare en gouttelettes d'apparence oléagineuse, et qui, à une basse température, ressemblent à de la cire. Ce caractère distingue éminemment la cinchonine des autres alcalis organiques étudiés jusqu'ici : elle diffère aussi de la strychnine, de la morphine et de la brucine en ce qu'elle ne devient pas rouge par un excès d'acide nitrique.

L'analyse directe du nitrate de cinchonine n'a pas été faite : mais comme ce sel est neutre, on peut l'établir par le calcul; on aura alors les résultats suivans :

Cinchonine	1000,00
Acide nitrique	17,594.

§ XI. — *Du phosphate de cinchonine.*

Le phosphate de cinchonine est très-soluble et difficilement cristallisable : il ne donne même que des rudimens de cristaux; le plus souvent il se déssèche sans cristalliser, et se présente sous forme de plaques transparentes.

§ XII. — *De l'arséniate de cinchonine.*

L'acide arsénique forme avec la cinchonine un sel neutre, très-soluble, cristallisant très-difficilement. Nous n'avons préparé ce sel que pour donner un exemple de l'union de la cinchonine avec un acide métallique. Il n'est pas douteux que ce sel ne soit résineux comme tous les arséniates.

§ XII. — *De l'acétate de cinchonine.*

L'acide acétique dissout la cinchonine, les liqueurs sont toujours acides, malgré l'excès de cinchonine qu'on pourrait avoir employé, et qui alors se déposerait au fond des liquides. Cet acétate, par évaporation, à un certain degré d'évaporation laisse déposer, surtout par refroidissement, une substance saline, sous forme de petits grains ou de paillettes translucides. Ces petits cristaux lavés ne sont plus acides, mais aussi ne sont-ils que peu solubles; leur solution dans l'eau aiguisée d'un peu d'acide et évaporée lentement ou spontanément à siccité, donne une masse d'apparence gommeuse : cette masse, traitée par un peu d'eau froide, se dissout en partie; on obtient en dissolution un sel acide, et de l'acétate neutre reste au fond de la liqueur. On conçoit qu'un grand excès d'acide détermine l'entière dissolution de la matière.

§ XIV. — *De l'oxalate de cinchonine.*

L'acide oxalique forme avec la cinchonine un sel neutre, très-peu soluble à froid, lorsqu'il n'est pas avec excès d'acide. On peut très-facilement avoir l'oxalate de cinchonine en versant de l'oxalate d'ammoniaque dans un sel de cinchonine neutre et soluble. Il se forme sur-le-champ un précipité blanc qu'on pourrait prendre pour de l'oxalate de chaux, en raison de son insolubilité dans l'eau froide; mais l'eau bouillante en dissout des quantités très-sensibles. L'acide oxalique en excès le redissout facilement : enfin, il est très-soluble dans l'alcohol, surtout à chaud; une partie s'en précipite par le refroidissement.

§ XV. — *Du tartrate de cinchonine.*

L'acide tartarique forme avec la cinchonine un sel peu soluble. Les tartrates alcalins précipitent aussi les sels solubles de cinchonine. Le tartrate de cinchonine n'est cependant pas aussi insoluble que l'oxalate.

§ XVI. — *Du gallate de cinchonine.*

L'acide gallique forme aussi avec la cinchonine un sel neutre, peu soluble à froid : ce sel est plus soluble à chaud. Par le refroidissement, les liqueurs qui en contiennent en solution, le troublent et deviennent laiteuses; mais au bout de quelques temps elles s'éclaircissent, et on trouve le gallate de cinchonine précipité sous forme de petits cristaux grenus translucides attachés aux parois du vase.

Il paraît certain que c'est à l'acide gallique que la teinture de noix de galle doit la propriété de précipiter les décoctions de quinquina (1) : dans ce cas l'acide gallique s'unit à la cinchonine, et forme une gallate insoluble. Nous reviendrons plus loin sur cet objet.

§ XVII.

Après avoir constaté dans le quinquina l'existence de la cinchonine, après avoir prouvé qu'elle jouissait des propriétés alcalines, et qu'on devait la considérer comme une base salifiable organique, après en avoir examiné les propriétés principalement sous ce dernier point de vue, il restait beaucoup de choses encore à éclaircir dans l'histoire du quinquina; nous devions rechercher, par exemple, à quel acide la cinchonine était unie, comment elle réagissait, du moins chimiquement, sur les autres principes immédiats qui, dans le quinquina, lui sont associés. Il fallait déterminer si c'était la cinchonine qui donne exclusivement aux bonnes espèces de quinquina, et particulièrement au quinquina gris, la propriété de précipiter par la noix de galle. Si, dans ce cas, c'était l'acide gallique, ou le *tannin*, qui agit sur lui, la cinchonine ne précipitant ni par l'émétique ni par la gélatine, il fallait rechercher quels étaient dans le quinquina les substances qui jouissaient de ces propriétés, et quelles étaient leurs relations avec la cinchonine : c'est ainsi que de considérations en considérations nous avons été conduits à nous occuper d'une nouvelle analyse du quinquina basée sur la présence et l'influence de la matière alca-

---

(1) Propriété spéciale des bons *quinquina*, sur laquelle M. Seguin a insisté, sans toutefois en indiquer la cause. (*Voyez* Annales de Chimie, tom. 92.)

line qui existe dans cette écorce. Voici comme nous avons procédé.

§ XVIII. — *Analyse du quinquina gris.*

Nous avons soumis à l'action de l'alcohol fort et bouillant une quantité donnée de quinquina gris réduit en poudre. Les premières teintures furent amères et très-colorées. L'alcohol n'ayant plus d'action sur le résidu, nous avons réuni les teintures alcoholiques, et les avons distillées au bain-marie, après y avoir préalablement ajouté un sixième d'eau distillée. L'alcohol séparé, nous avons trouvé à la surface de la liqueur aqueuse refroidie une couche de matière grasse verte, que nous avons mise à part pour la purifier et l'examiner ultérieurement. La liqueur que surnageait la matière grasse était louche et très-amère ; elle recouvrait un précipité abondant formé par la matière connue sous le nom de résine de quinquina. C'était aussi une portion de la même substance qui rendait trouble la liqueur aqueuse. Cette matière obtenue par filtration était très-amère : la liqueur filtrée jouissait aussi d'une grande amertume ; elle précipitait abondamment la colle, l'émétique et la teinture de noix de galle. Nous reviendrons plus bas sur cette liqueur.

La matière résineuse, traitée par l'eau bouillante, s'y dissolvait en partie ; par le refroidissement il se formait un précipité de matière résinoïde, et la liqueur filtrée ressemblait à celle dont nous venons de faire mention, mais était moins amère et moins chargée de substances solubles.

Par une série de traitement avec l'eau bouillante et de filtration après refroidissement, nous avons obtenu une matière rougeâtre briquetée, n'ayant plus de saveur, ni d'astringence, se dissolvant en très-petite quantité dans l'eau bouillante, s'en séparant en grande partie par refroidissement. Ses dissolutions n'avaient pas de saveur très-sensible ; elle ne précipitait plus par la noix de galle ni par la gélatine ; mais elle troublait sensiblement la dissolution d'émétique. C'est une substance rouge insipide que nous regardons comme le principe colorant du quinquina. Nous consacrerons un chapitre à l'examen de ses propriétés.

§ XIX.

Les liqueurs chargées des principes solubles de la matière résinoïde du quinquina gris ont été réunies et évaporées avec soin jusqu'aux deux tiers de leur volume. Dans cet état elles se sont troublées par le refroidissement, et ont laissé une matière rougeâtre, qui, purifiée, était encore la matière colorante rouge dont nous venons de parler.

Séparées de cette matière, les liqueurs ont donné par l'évaporation un bel extrait de quinquina, qui se redissout dans l'eau froide en abandonnant seulement quelques flocons de matière rouge. Comme il serait impossible de pouvoir assurer qu'à l'aide de dissolutions et d'évaporations répétées, on pût séparer toute la matière rouge sans altérer les autres substances qui l'accompagnent, il faut avoir recours à d'autres moyens. Rappelons d'abord que ces liqueurs précipitent la colle animale, la teinture de noix de galle et l'émétique, qu'elles sont légèrement acide set très-amères ; observons même que tout le principe amer du quinquina doit être rassemblé dans ces liqueurs, puisque la partie du quinquina sur laquelle l'alcohol n'a plus d'action, est presque insipide et nullement amère, et que la matière rouge insoluble dans l'eau, mais soluble dans l'alcohol, est également privée d'amertume. A cette époque de l'analyse, et après beaucoup de tâtonnemens qu'il est inutile de rapporter, nous avons cru devoir traiter les liqueurs par de la magnésie très-pure et en grand excès, à l'aide de l'ébullition prolongée au moins pendant quinze minutes. On reconnaît qu'on a employé assez de magnésie lorsqu'après le temps prescrit pour l'ébullition, la liqueur filtrée a perdu toute sa couleur rouge, et n'a plus qu'une teinte orangée, plus ou moins jaune : on ne la filtre cependant qu'après son entier refroidissement ; elle passe très-claire d'un beau jaune et légèrement amère. Nous dirons par la suite pourquoi l'on est obligé d'employer un excès de magnésie.

Si maintenant on essaie la liqueur filtrée par les *trois réactifs précités*, on trouve qu'elle a perdu la propriété de précipiter la colle animale et l'émétique, et qu'elle trouble à peine la décoction de noix de galle; d'où l'on peut conclure que les principes qui, dans le quinquina, précipitent la gélatine, l'émétique et la noix de galle, sont restés fixés dans la magnésie en totalité, en ce qui concerne les principes qui peuvent précipiter les deux premiers de ces réactifs, et en grande partie pour ce qui regarde la substance qui précipite la noix de galle. Qu'on évapore maintenant cette liqueur en consistance de sirop clair, et qu'on l'abandonne à elle-même plusieurs jours; elle se prendra en un magma grenu. En traitant ce magma par de l'alcohol très-fort, on obtient un sel presque blanc, et sans amertume : le principe colorant jaune qui l'accompagnait étant également soluble dans l'eau et l'alcohol, qui dissout aussi le principe amer, lequel n'est autre que la cinchonine enlevée par les eaux de lavage. En évaporant la teinture alcoholique à siccité, traitant le résidu par de l'éther, et abandonnant celui-ci à une évaporation lente au moyen d'un vase à ouverture très-étroite, la majeure partie de la cinchonine se précipite tandis que l'éther non encore évaporé retient la matière jaune.

Le sel blanc purifié par l'alcohol est très-soluble dans l'eau, difficilement cristallisable; sa saveur est fraîche et un peu amère. Une portion soumise à quelques épreuves chimiques s'est comportée de la manière suivante : Exposé à l'action du feu, le sel se noircit, répand une odeur de caramel, et finit par laisser de la magnésie : il ne précipite aucun muriate ni sulfate métallique; il est décomposé par la potasse qui en sépare de la magnésie; il paraît, enfin, résulter de l'union de la magnésie avec l'acide qui, dans le quinquina, sature la cinchonine. Quelle était la nature de cet acide? La propriété qu'il avait de former avec la magnésie un sel soluble, et de ne point précipiter les solutions métalliques, nous fit conjecturer qu'il pouvait être l'acide kinique déjà découvert par M. Vauquelin dans le quinquina, où ce savant l'a trouvé combiné à la chaux. L'obtention de cet acide a confirmé notre soupçon.

Pour le séparer de la magnésie, nous avons décomposé le sel magnésien par de la chaux. La liqueur filtrée et séparée de l'excès de chaux par l'acide carbonique, a été évaporée et abandonnée jusqu'à cristallisation. On a obtenu un sel qui avait tous les caractères du kinate de chaux. Nous avons décomposé ce sel par l'acide oxalique, mis en juste proportion; et par évaporation, nous avons obtenu un acide qui avait tous les caractères de l'acide kinique. En le redissolvant dans de l'alcohol, il se dépose des flocons, qui ne sont autre chose que de la gomme. Nous reviendrons plus bas sur cet acide.

§ XX.

Revenons maintenant au précipité magnésien, que nous avons abandonné pour nous occuper de la liqueur qui s'en était séparée. Ce précipité, parfaitement lavé et désséché au bain-marie, a été traité à plusieurs reprises par de l'alcohol fort. Ces divers traitemens lui ont enlevé toute son amertume. Les solutions alcoholiques distillées et sur la fin évaporées lentement, ont donné une matière cristalline d'une couleur verdâtre. Cette matière, lavée avec un peu d'éther, est devenue blanche, et a offert tous les caractères de la cinchonine dissoute; elle précipitait abondamment par la teinture de noix de galle, mais n'avait aucune action sur la colle et l'émétique. Les substances qui ont de l'action sur ces deux réactifs, sont donc encore restées dans la magnésie.

§ XXI.

Le précipité magnésien n'abandonnant plus rien à l'eau ni à l'alcohol, a été traité par de l'acide acétique étendu; aussitôt la liqueur acide s'est fortement colorée en rouge brun. En renouvelant l'action de l'acide étendu on arrive à un point où l'on n'a plus qu'une matière d'un rouge terne, sur laquelle l'acide étendu n'a plus d'action sensible.

Les liqueurs acides colorées contiennent en dissolution de l'acétate de magnésie et une matière colorante soluble. Cette matière a la propriété de précipiter très-sensiblement l'émétique, et abondamment la gélatine animale; cependant, une remarque importante est que cette matière ne précipite la gélatine que sous l'influence d'un acide libre. En effet, si on sature l'excès d'acide par une base quelconque, ou si on avait traité par l'acide acétique une masse de précipité magnésien, telle que l'acide fût entièrement saturé par de la magnésie, alors on n'aurait pas de précipité par la gélatine.

Si on voulait séparer cette matière colorante rouge du sel magnésien, il faudrait la précipiter par de l'acétate de plomb, laver le précipité et le décomposer par l'hydrogène sulfuré; en évaporant la liqueur filtrée, on obtiendrait la matière colorante dépouillée de magnésie, mais elle contiendrait un peu d'acide acétique. C'est à cette matière qui sera spécialement étudiée, que le quinquina doit sa propriété de précipiter la gélatine, lorsque l'acide que le quinquina contient naturellement en excès, n'a pas été saturée par une base salifiable.

§ XXII.

La partie du précipité magnésien qui ne s'était pas dissoute dans l'acide acétique étendu a été traitée par l'acide acétique concentré; elle s'y est dissoute entièrement; mais en ajoutant de l'eau dans la liqueur il s'est fait un précipité abondant, qui, recueilli, lavé d'abord à l'eau froide, puis à l'eau bouillante, perdit totalement son acidité, et se présenta avec tous les caractères de la matière rouge insoluble dont nous avons parlé. Cette substance, dissoute dans l'acide acétique, jouit de la propriété de précipiter l'émétique, mais ne précipite pas la colle. La liqueur d'où nous avions précipité cette substance, en retenait encore une partie dissoute à la faveur de l'acétate de magnésie; cette même liqueur précipitait abondamment l'émétique, et très-peu la colle : peut-être devait-elle cette dernière propriété, qu'elle n'avait que faiblement, à une certaine quantité de matière colorante soluble qu'elle aurait retenue, et qui aurait pu échapper à l'action de l'acide acétique faible.

La magnésie qu'on fait agir sur la matière résineuse du quinquina se combine donc avec deux matières colorantes rouges : l'une, soluble, d'un rouge brun, peut précipiter la colle animale et l'émétique, lorsqu'elle est sous l'influence d'un acide; l'autre, rouge, insoluble, et ne précipitant pas la colle, même sous l'influence d'un acide, mais conservant la propriété de précipiter l'émétique.

Ces observations expliquent comment certains quinquina précipitent l'émétique sans précipiter la colle, comme l'a remarqué M. Vauquelin.

Nous examinerons dans des chapitres particuliers les propriétés de ces deux matières, et nous ferons voir qu'elles ne sont en dernier résultat qu'une même substance diversement modifiée.

§ XXIII.

La matière résinoïde du quinquina gris, c'est-à-dire l'ensemble de toutes les parties solubles dans l'alcohol, est donc composée des principes suivans :

1°. D'une matière grasse, verte;

2°. De cinchonine;

3°. D'acide kinique;

4°. De gomme en petite quantité;

5°. D'une matière colorante rouge, soluble ;
6°. D'une matière colorante rouge, insoluble ;
7°. D'une matière colorante jaune.

Nous nous proposons de dire quelques mots de chacune de ces substances dans des paragraphes particuliers ; mais dans ce moment nous croyons devoir continuer notre analyse.

§ XXIV.

Après avoir examiné la partie du quinquina soluble dans l'alcohol, il nous reste à nous occuper de sa partie insoluble dans ce menstrue ; nous la traiterons successivement par l'eau froide, l'eau bouillante, les acides, et le feu.

§ XXV.

Lorsque l'on met le quinquina épuisé par l'alcohol en macération dans l'eau froide, on obtient au bout de quelque temps une liqueur d'un jaune rougeâtre ; cette liqueur est acide au tournesol, très-peu amère, assez astringente ; par la concentration elle acquiert la propriété de précipiter la colle et l'émétique. Évaporée avec soin en consistance d'extrait, la matière soluble dans l'eau a été traitée par de l'alcohol ; la substance susceptible de précipiter la colle et l'émétique a été obtenue par l'évaporation des liqueurs alcoholiques ; elle avait tous les caractères de la matière colorante rouge soluble, lorsqu'elle est sous l'influence d'un acide libre ; c'est aussi cette matière que plusieurs chimistes, qui se sont occupés de l'analyse du quinquina, ont désignée sous le nom de tannin.

La matière insoluble dans l'alcohol était un mélange de kinate de chaux et de matière gommeuse. On peut en retirer le kinate de chaux par cristallisation, ou mieux encore mettre l'acide kinique à nu et le séparer de la gomme, comme nous l'avons dit à la fin du 18e paragraphe de ce mémoire.

C'est dans le produit du quinquina traité par l'eau que M. Vauquelin a trouvé le kinate de chaux mélangé de gomme; cette partie de notre analyse coïncide parfaitement avec celle de ce savant.

§ XXVI.

L'eau froide n'ayant plus aucune action sur le quinquina, nous avons fait agir l'eau bouillante sur cette écorce, et nous avons obtenu des décoctions légèrement colorées et presque sans saveur; ces décoctions transparentes à chaud se troublaient par le refroidissement; chauffées, elles reprenaient leur transparence. Par l'addition de l'iode ces liqueurs devenaient bleues, mais bientôt cette couleur disparaissait pour faire place à une teinte brune : l'alcohol formait dans ces mêmes liqueurs un précipité brun, et le sulfate de fer un précipité brun verdâtre; dans ce cas, la liqueur surnageante prenait une teinte d'un beau vert. Ces phénomènes indiquaient évidemment la présence de l'amidon et du tannin; et l'on sait, d'après les expériences de M. Vauquelin et de Thomson, que le tannin et l'amidon mis en présence peuvent s'unir en formant une combinaison beaucoup plus soluble à chaud qu'à froid.

Pour donner à cette conjecture une entière certitude, nous avons combiné à l'amidon la matière colorante rouge soluble du quinquina, qui, sous l'influence d'un acide, fait fonction de tannin; nous avons également combiné à de l'amidon du tannin de noix de galle, et nous avons obtenu des précipités analogues à ceux que nous examinons : ces précipités se comportaient de même avec l'iode et l'alcohol; dissous à chaud, ils précipitaient le fer de ses solutions; la couleur des précipités fournis par le fer variait seulement suivant l'espèce de matière tannante; les précipités se redissolvaient aussi lorsque la température de la liqueur était élevée à 50 degrés au-dessus de zéro centigrade.

§ XXVII.

Après avoir épuisé l'action de l'eau bouillante sur le quinquina, nous avons mis le résidu dans de l'acide nitrique étendu; les liqueurs ne se sont pas sensiblement colorées : cependant, elles donnaient quelques flocons lorsqu'on les saturait avec du sous-carbonate de potasse; ces flocons étaient solubles dans l'eau bouillante et devenaient bleu par l'iode, caractère de l'amidon qui déjà avait été signalé dans le quinquina par M. Laubert.

Nous n'avons pu constater dans le quinquina la présence du sucre. Cependant, les eaux mères de kinate de chaux avaient une odeur marquée de mélasse qui nous a fait soupçonner la présence du sucre incristallisable : nous n'osons pas cependant nous prononcer à cet égard.

§ XXVIII.

Le quinquina, après ces divers traitemens, n'était plus que du bois : inciné, il fournissait quelques traces d'une cendre formée de carbonate de chaux.

Le quinquina non traité par l'alcohol et l'eau fournit des cendres un peu plus volumineuses, mais de même nature : on n'y signale aucune trace de sulfates et d'hydrochlorates alcalins.

§ XXIX.

Le quinquina gris est donc composé :

1°. De cinchonine unie à l'acide kinique;
2°. De matière grasse verte;
3°. De matière colorante rouge très-peu soluble;
4°. De matière colorante rouge soluble (tannin);
5°. De matière colorante jaune;
6°. De kinate de chaux;
7°. De gomme;
8°. D'amidon;
9°. De ligneux.

Nous allons maintenant reprendre en particulier les diverses substances trouvées dans le quinquina pour établir les faits qui sont relatifs à chacune d'elles, et qui n'ont pu être rapportés dans l'exposé de l'analyse de cette écorce. Nous ne nous occuperons cependant plus de la cinchonine qui a déjà été l'objet d'un chapitre de ce mémoire ; nous n'aurons rien non plus à dire sur la gomme, l'amidon, et le ligneux du quinquina, parce que ces substances n'offrent rien de particulier.

§ XXX. — *De la matière grasse verte du quinquina gris.*

Cette matière avait été obtenue à l'état de pureté par M. Laubert, pharmacien en chef des armées ; il l'a retirée du quinquina gris en traitant cette écorce par l'éther sulfurique ; il en a décrit les propriétés avec soin. Cette substance est verte, soluble dans l'alcohol bouillant, s'en précipite en partie par le refroidissement ; elle est très-soluble dans l'éther sulfurique, même à froid ; les alcalis fixes la saponifient. M. Laubert parle de son âcreté ; cependant, quand elle vient d'être extraite et qu'elle est bien purifiée, elle ne nous a pas paru avoir de saveur bien marquée ; du reste, la matière grasse du quinquina gris se rapproche beaucoup de la matière grasse que nous avons trouvée dans plusieurs végétaux, et particulièrement dans l'ipécacuanha, et n'a de particulier que sa teinte verte ; peut-être cette couleur est-elle due à un peu de chlorophylle. Nous verrons par la suite que la matière grasse de quelques autres quinquina n'a pas cette couleur verte, et cependant ne diffère de la matière grasse du quinquina gris par aucune propriété saillante.

§ XXXI. — *De la matière colorante rouge insoluble du quinquina gris.*

Indépendamment des procédés que nous avons indiqués pour obtenir la matière colorante rouge insoluble, ou plutôt peu soluble du quinquina gris (*Voyez* § 17 et § 21), il s'en présente un autre que nous regardons comme plus avantageux, quand on a pour but l'extraction de cette matière, et non l'analyse du quinquina.

Il faut prendre l'extrait alcoholique de quinquina gris et le faire bouillir dans de l'eau légèrement aiguisée d'acide hydrochlorique; on renouvelle plusieurs fois cette opération, que l'on termine par quelques lavages à l'eau distillée bouillante; par ce moyen la cinchonine, la gomme, la matière colorante rouge soluble, la matière colorante jaune sont enlevées; la matière rouge insoluble reste avec de la matière grasse, et on enlève celle-ci par de l'éther.

L'eau aiguisée d'acide dépouille plus facilement la matière rouge insoluble du quinquina, des substances qui lui sont étrangères; on peut donc employer moins d'ébullitions et de lavages; c'est en cela que consiste l'avantage du procédé. On peut ensuite extraire facilement la cinchonine contenue dans les liqueurs acides. Dans ce traitement, on dissout toujours un peu de matière colorante à la faveur de l'acide; mais cette perte est inévitable quand on veut obtenir cette substance à l'état de pureté.

§ XXXII.

La matière rouge insoluble est insipide, inodore, d'une couleur rouge brune; l'alcohol la dissout en grande proportion, surtout à chaud. L'éther et l'eau ont très-peu d'action sur elle; cependant, l'eau bouillante en dissout une petite quantité. Les acides favorisent sa dissolution dans l'eau: l'acide acétique concentré la dissout instantanément; mais par l'addition d'une masse d'eau la plus grande partie se précipite. Cette substance n'a nullement, soit seule, soit sous l'influence d'un acide, la propriété de précipiter la colle animale, mais elle précipite l'émétique.

La propriété la plus importante de cette matière consiste dans la manière dont elle se comporte avec les alcalis.

§ XXXIII.

Lorsqu'on la met en contact avec une solution de potasse ou de soude, elle s'y dissout en communiquant aux liqueurs une couleur rouge brune très-intense. Si on ajoute alors un acide en quantité suffisante pour saturer l'alcali, la matière colorante se précipite en grande partie. Dans cet état, elle a acquis la propriété de précipiter la colle animale lorsqu'on y ajoute un peu d'acide; elle précipite aussi l'émétique, mais moins abondamment.

La potasse, en dissolvant la matière colorante, lui fait donc subir quelque modification, puisqu'elle lui procure une propriété qu'elle n'avait pas auparavant, celle de précipiter la gélatine.

Lorsqu'on chauffe la matière rouge avec une solution de potasse et de soude, elle perd la propriété de précipiter la colle, propriété qu'elle avait acquise par sa dissolution à froid dans les mêmes alcalis. Il paraît donc qu'à chaud la potasse et la soude exercent une trop grande action sur la matière rouge et la dénaturent. En effet, si on ajoute un acide, le précipité qui se forme est moins abondant, et on retrouve une matière jaune dans les liqueurs : d'un autre côté, on peut s'assurer que les alcalis moins forts que la potasse et la soude, savoir, l'ammoniaque, la baryte, et la chaux, changent aussi la matière rouge du quinquina en matière tannante; mais ici, au lieu d'éviter l'action du calorique, il faut y avoir recours pour imprimer à la matière colorante rouge la vertu tannante.

La magnésie, substance encore moins alcaline que les précédentes, peut se combiner avec la matière colorante, mais ne la modifie pas en matière tannante. Cette combinaison peut être considérée comme une laque magnésienne; lorsqu'on vient à dissoudre cette laque dans un acide, la dissolution ne jouit pas de la propriété de précipiter la colle animale.

L'alumine se comporte comme la magnésie avec la matière rouge, et forme une laque assez belle.

La cinchonine semble aviver sa couleur, mais ne la convertit pas en matière tannante.

L'oxide de plomb paraît agir sur cette substance à la manière d'un alcali assez puissant, car si l'on dissout la matière colorante rouge dans l'acide acétique, et si on la précipite par le sous-acétate de plomb, on obtient une combinaison insoluble dont on peut séparer le plomb par l'hydrogène sulfuré : la matière colorante peut être enlevée ensuite par l'alcohol ; mais alors elle a acquis la propriété tannante.

§ XXXIV.

La matière colorante *rouge* ou *rosée* de M. Laubert nous paraît être la matière colorante rouge modifiée par la potasse, puisque ce chimiste fait usage de cet agent pour l'obtenir.

Le rouge cinchonique de M. Reuss nous paraît se rapprocher beaucoup de notre matière, lorsqu'il a été bien dépouillé du principe amer. M. Reuss assure qu'il ne précipite pas la gélatine, et il en décrit assez exactement les propriétés qui s'accordent avec celles de notre substance. Nous croyons donc devoir les regarder comme identiques, et nous n'hésitons pas à adopter le nom de *rouge cinchonique* qui peut convenir tant qu'on n'aura pas trouvé le même principe dans des végétaux d'un autre genre.

§ XXXV. — *De la matière colorante rouge soluble.* (Matière tannante.)

La matière colorante rouge soluble du quinquina gris, obtenue par les procédés que nous avons rapportés (§ XXI et XXV), jouit de toutes les propriétés qu'accordent au tannin les chimistes qui admettent encore l'existence de ce dernier principe : elle est d'un rouge brunâtre, se dissout dans l'eau et l'alcohol, a une saveur acerbe, se combine avec les oxides métalliques, précipite en vert foncé les dissolutions ferrugineuses à la manière du tannin, du cachou, et de la gomme kino. Elle précipite abondamment la colle animale, fait dans la solution d'amidon un précipité qui se redissout à 50 degrés au-dessus de 0, et perd par l'addition d'une base salifiable la propriété de faire des précipités dans les solutions de ces dernières substances.

§ XXXVI.

On ne peut se refuser à admettre une grande analogie entre la matière tannante du quinquina et le rouge cinchonique modifié par la potasse : la différence qu'on remarque entre ces deux matières consiste principalement dans le moindre degré de solubilité du rouge cinchonique modifié. Il ne serait donc pas étonnant que la matière tannante du quinquina gris ne fût une modification naturelle du rouge cinchonique : cela expliquerait comment quelques espèces de quinquina précipitent l'émétique sans précipiter la colle; mais ici nous entrerions dans les hypothèses, et nous voulons nous borner aux faits.

§ XXXVII.

Nous pourrions terminer ici ce qui regarde la matière tannante du quinquina; mais cet objet se rattachant à un point de chimie générale (l'existence du tannin), nous ne voulons passer sous silence aucune observation. Nous avions remarqué une différence dans la manière dont agissent sur les sels de fer le tannin naturel du quinquina et le rouge cinchonique modifié par un alcali. Le premier précipite le sulfate de fer en vert, et la liqueur surnageante est d'un beau vert; le second forme un précipité brun, et la liqueur surnageante est brune. Mais on sait qu'en admettant le tannin comme principe immédiat des végétaux, on est obligé de connaître plusieurs variétés de tannin qui diffèrent principalement par la couleur des précipités qu'ils font dans le sulfate de fer. Ainsi le tannin de la noix de galle précipite le fer en noir bleuâtre, celui du cachou en vert; et d'ailleurs, si l'on extrait, par des procédés entièrement semblables, la manière tannante de diverses espèces de quinquina, on voit que ces matières précipitent diversement le sulfate de fer; celui du quinquina jaune fait un précipité brun noirâtre, et celui du quinquina rouge un précipité brun rougeâtre. Le rouge cinchonique du quinquina rouge traité par de la chaux, puis rendu libre par un acide en excès, précipite alors le sulfate de fer en vert.

Nous avons dit que la potasse enlevait à chaud à la matière tannante artificielle, la propriété de précipiter la gélatine sous l'influence d'un acide; nous nous sommes également assurés que la potasse agissait de même sur le tannin naturel du quinquina, et sur celui de la noix de galle; en effet, si on met de la potasse dans une infusion de noix de galle à froid, et qu'ensuite on sature la potasse par un acide, la propriété tannante n'est pas détruite; mais si l'on fait bouillir les liqueurs pendant quelque temps, l'addition d'un acide ne rétablit plus la propriété tannante.

Il suit de ces faits que non-seulement on peut considérer les tannins comme des substances composées et variables, provenant de l'union d'une matière végétale avec un acide, opinion déjà avancée par M. Chevreul, et soutenue par l'un de nous (1); mais qu'on peut encore établir que certaines substances végétales, non susceptibles de s'unir directement aux acides pour former des matières tannantes, acquièrent cette propriété par suite de la réaction de quelques bases salifiables, et donnent alors lieu à des tannins artificiels qui diffèrent selon la matière végétale et l'acide dont ils sont formés.

---

(1) Pelletier, *Annales de chimie*, tome 87.

XXXVIII. — *De la matière jaune du quinq uina gris.*

La matière colorante jaune du quinquina gris obtenue par le procédé indiqué paragraphe XIX, ne doit pas être confondue avec ce que plusieurs auteurs ont nommé matière jaune : *matière jaune amère du quinquina.* Dans ces corps, la matière colorante jaune était associée à d'autres substances, particulièrement à des sels de cinchonine. La matière jaune, que nous signalons ici, est une véritable matière colorante ; elle n'a pas de saveur marquée ; elle est soluble dans l'eau, l'alcohol et même l'éther ; elle est précipitée par le sous-acétate de plomb : ce sel peut fournir le moyen de la séparer entièrement de la cinchonine. Elle ne précipite ni la colle ni l'émétique ni la noix de galle ; elle n'est pas fixée par la magnésie, mais elle paraît avoir quelque affinité avec l'alumine : cette substance ne jouant pas un grand rôle dans le quinquina, nous ne nous y arrêterons pas davatange.

§ XXXIX. — *De l'acide kinique.*

L'acide kinique, découvert dans le quinquina par M. Vauquelin, peut être retiré du kinate de chaux en suivant le procédé indiqué par ce savant : on peut aussi le séparer de la cinchonine par le procédé que nous avons indiqué (§ XIX). M. Vauquelin a fait voir que cet acide différait de tous les acides connus par les propriétés suivantes : il est très-soluble, et cependant il peut cristalliser ; sa saveur est très-acide, légèrement amère : ces sels terreux et alcalins sont solubles et cristallisables. Il ne précipite point les sels de plomb, de mercure, ni d'argent ; il forme avec la chaux un sel qui cristallise en lames rhomboïdales. A ces détails, nous n'ajouterons que quelques faits qui nous sont particuliers. Nous croyons qu'on doit signaler sa saveur comme purement acide : l'amertume qu'il a, dans quelques circonstances, ne provenant que d'un peu de cinchonine qu'il retient alors. L'acide kinique et les kinates alcalins n'ont précipité aucune des solutions métalliques dans lesquelles nous les avons versés. Cependant il faut en excepter le sous-acétate de plomb : car, lorsqu'on verse de l'acide kinique dans ce sel, il se forme un précipité blanc qui n'est autre qu'un sous-kinate de plomb, et le sous-acétate de plomb est converti en acétate neutre.

Une propriété singulière de l'acide kinique est de fournir par l'action du feu un acide pyrogéné cristallissable : caractère qui rapproche l'acide kinique des acides mucique, tartarique et sorbique. En effet, si on soumet l'acide kinique à l'action de la chaleur dans des vaisseaux distillatoires, on voit l'acide se boursoufler, noircir et répandre une fumée blanche piquante; il passe un liquide brun huileux très-acide : quelques cristaux se manifestent au col de la cornue. Les cristaux ont été redissous; la liqueur distillée, filtrée à travers du coton mouillé pour retenir l'huile, a été soumise à une évaporation lente, jusqu'à un certain degré de concentration; et par le refroidissement, il s'est formé des cristallisations en houpes et à rayons divergens : ces cristaux sont l'acide pyrokinique.

§ XL. — *De l'acide pyrokinique.*

L'acide pyrokinique est très-soluble dans l'eau et l'alcohol; il est sans odeur; il paraît devoir être blanc, puisqu'il se dépouille de plus en plus de sa couleur par des cristallisations répétées; il forme des sels solubles avec les alcalis, la baryte et la chaux; il précipite légèrement l'acétate de plomb et le nitrate d'argent. Il diffère essentiellement de l'acide kinique et des autres acides connus par la propriété qu'il a de former un précipité d'un très-beau vert dans le deuto-sulfate de fer. Il est utile de remarquer qu'il ne précipite ni l'émétique ni la colle; et qu'ainsi, on ne peut supposer que les précipités verts qu'il fait dans les sels de fer soient dus à une matière tannante; d'ailleurs l'acide kinique employé à la formation de l'acide pyrokinique, n'avaît lui-même aucune action colorante sur le sulfate de fer. Du reste, cet acide est tellement sensible à la présence du fer, qu'il prend une couleur verte, lorsqu'on l'unit à de la chaux ou de la baryte qui contiennent des traces de ce métal.

§ XLI. — *Nouveau procédé pour l'extraction de la cinchonine.*

L'analyse du quinquina gris et l'examen que nous avons fait de ses principes constituans nous ont suggéré, pour l'extraction de la cinchonine, un procédé plus avantageux que celui indiqué dans le commencement de ce mémoire (§ V). Ce procédé consiste à prendre de l'extrait alcoholique du quinquina gris et à le traiter à chaud par de l'eau aiguisée d'acide hydrochlorique. L'acide dissout la cinchonine et la sépare du rouge cinchonique et de la matière grasse. On traite la liqueur par de la magnésie en excès : cette base s'empare de l'acide hydrochlorique et retient le rouge cinchonique qui aurait pu être dissous à l'aide d'un excès d'acide hydrochlorique. On lave alors le précipité magnésien; on le fait sécher au bain-marie et on le traite par l'alcohol qui dissout la cinchonine; on peut alors obtenir la cinchonine par l'évaporation de l'alcohol.

Quelquefois la cinchonine retient un peu de matière grasse : cela a lieu surtout quand on n'a pas assez étendu l'acide hydrochlorique. Pour le dépouiller de la matière grasse, on peut employer l'éther ou mieux encore le redissoudre dans de l'acide hydrochlorique faible et le reprendre par la magnésie et l'alcohol.

Ce procédé est avantageux en ce que le traitement de la matière résinoïde du quinquina par la potasse est fort difficile à effectuer; car si la solution de potasse est très-étendue, il faut un temps très-long pour enlever tout le rouge cinchonique : et si la solution de potasse est concentrée, on perce toujours les filtres.

On peut aussi employer avec avantage l'acétate de plomb pour la purification de la cinchonine. Nous nous en sommes servis dans le traitement de plusieurs eaux mères très-colorées, et dans lesquelles il y avait encore de la cinchonine. L'acétate de plomb et surtout le sous-acétate précipitent la matière grasse et les matières colorantes du quinquina, en laissant la cinchonine dans la liqueur à l'état d'acétate. Cependant nous nous sommes aperçus que les précipités entraînaient un peu de cinchonine, surtout lorsqu'on employait le sous-acétate de plomb. Ce procédé nous sera très-utile par la suite dans l'analyse de certains quinquina peu riches en cinchonine.

§ XLII.

Nous avons dans plusieurs occasions insisté sur la nécessité où l'on était pour obtenir la cinchonine d'employer la magnésie en excès. En effet, si on n'ajoutait pas un excès de magnésie, il en résulterait deux inconvéniens : le premier serait qu'en traitant le précipité magnésien par de l'alcohol, on dissoudrait du rouge cinchonique en même temps que la cinchonine, et alors on aurait une matière très-impure; le second inconvénient se présenterait dans le lavage du précipité magnésien par l'eau, lavage qui a pour but d'enlever le kinate de magnésie ou l'hydrochlorate, quand on emploie l'acide hydrochlorique; dans l'un et l'autre cas, si on n'avait pas mis un excès de magnésie, les eaux de lavage dissoudraient du rouge cinchonique qui entraînerait de la cinchonine avec lui, le tout en pure perte. Dans ce cas, les eaux de lavage au lieu d'être jaunes sont rouges; elles se troublent bientôt; il se forme à leur surface des pellicules insolubles, etc. Les acides en très-petites quantités déterminent un précipité rougeâtre dans ces liqueurs : le chlore fait le même effet; un excès de ces corps redissout le précipité. Pendant quelques temps, nous n'avons su à quoi attribuer la formation de ces pellicules. Elles nous rappelaient ces extraits oxigénés dont il était si souvent fait mention dans l'analyse des végétaux à l'époque du renouvellement de la théorie chimique. Nous avons même cru un instant que l'oxigène de l'air contribuait à la formation de ces pellicules ; mais les ayant vu se former sous des cloches remplies de gaz hydrogène et d'acide carbonique, ainsi que dans des vaisseaux fermés, nous avons abandonné cette opinion : nous croyons, au contraire, que le kinate de magnésie ou l'hydrochlorate qui se trouve dans la liqueur est peu à peu décomposé par la cinchonine à la faveur de l'excès de matière colorante. En effet, si on examine les pellicules qui se forment, on trouve qu'elles sont formées de magnésie et de matière colorante rouge ; or, la magnésie était combinée à un acide et formait un sel soluble ; la cinchonine était libre ou faiblement unie à la matière colorante ; la réaction a donc pu avoir lieu en vertu d'une sorte d'affinité double ou plutôt en raison de l'attraction de cohésion qui tend à réunir entre elles les substances dont la combinaison est insoluble, comme M. Berthollet l'a démontré en thèse générale.

C'est à des réactions analogues qu'on doit souvent attribuer les précipitations qu'on remarque dans les décoctions des matières végétales.

EXAMEN CHIMIQUE

Du quinquina jaune (Cinchona cordifolia.)

§ XLIII. — *Extraction de la matière alcaline.*

La meilleure manière d'examiner les diverses espèces de quinquina consiste à les considérer sous les mêmes rapports, et autant que possible à les traiter par les mêmes méthodes : M. Vauquelin nous avait déjà donné l'exemple de cette marche dans l'examen qu'il fit il y a quelques années d'un grand nombre d'écorces de ce genre. Nous avons donc pensé qu'il fallait, avant tout, nous assurer si la cinchonine existait dans le quinquina jaune, si elle pouvait être obtenue par les méthodes employées pour l'extraire du quinquina gris, et si elle était identique dans ces deux écorces. En conséquence, nous avons préparé du quinquina jaune pour en extraire la matière résinoïde : celle-ci, traitée par la potasse, a laissé une substance jaunâtre qui s'est dissoute en grande partie dans de l'acide hydrochlorique étendu d'eau, en abandonnant une matière grasse qui ne différait de celle du quinquina gris, que par la couleur jaune. La liqueur acide était colorée en jaune ; elle avait une très-forte amertume et ressemblait beaucoup à une dissolution hydrochlorique de cinchonine. Dans cet état, nous y avons ajouté de la magnésie en quantité plus que suffisante pour s'emparer de l'acide hydrochlorique. La liqueur s'est en grande partie décolorée; le précipité magnésien a été lavé, desséché au bain-marie et traité par l'alcohol.

Les liqueurs alcoholiques ont été d'abord distillées, puis abandonnées à une évaporation lente : nous nous attendions alors à avoir une belle cristallisation de cinchonine ; quelle a été notre surprise de n'obtenir qu'une substance jaunâtre transparente et nullement cristalline.

La substance obtenue devait être, selon nous, de la cinchonine mêlée de quelque matière étrangère et particulière au quinquina jaune : tous nos soins se sont donc portés à séparer de la cinchonine prétendue, la matière étrangère que nous supposions devoir y être unie : la dissolution dans de nouvelles quantités d'acide ne nous a rien offert de particulier; seulement on séparait quelquefois un peu de matière grasse, encore cela n'avait-il lieu que dans le cas où la substance soluble dans l'acide hydrochlorique avait été dissoute par un acide trop concentré, parce que dans ce cas un peu de matière grasse avait été entraînée. Supposant la présence d'une matière colorante jaune, nous avons eu recours au sous-acétate de plomb; la petite quantité de précipité obtenue par ce moyen n'a pas répondu à notre attente, et la prétendue cinchonine s'est encore présentée sous forme de plaques cristallines. Sachant enfin que l'éther ne dissolvait la cinchonine que dans certaines limites, nous avons recouru à cet agent; mais notre substance s'y est dissoute entièrement avec la plus grande facilité; et par l'évaporation lente de l'éther nous n'avons obtenu aucune marque de cristallisation. Enfin, ayant dissous notre matière dans de l'acide acétique, nous y avons versé de l'oxalate d'ammoniaque; sur-le-champ il s'est formé un précipité d'un blanc éclatant qu'on aurait pris pour de l'oxalate de chaux s'il n'eût été soluble dans l'alcohol. Ce précipité traité par de la magnésie et repris par de l'alcohol, a encore fourni une substance non cristallisée.

Enfin, chose remarquable, cette matière ainsi traitée se dissolvait dans tous les acides (quelques-uns seulement devant être en excès) et formait des sels très-blancs et qui semblaient être plus facilement cristallisables que les sels de cinchonine dont ils diffèrent aussi par la forme et l'aspect. C'est ainsi que par la force des choses nous avons été amenés à considérer la matière amère du quinquina jaune, comme une base salifiable particulière et différente de la cinchonine. Nous déclarons en même temps que ce n'est qu'après de mûres réflexions, par suite de nombreux essais et après avoir fait un grand nombre de sels, que nous nous sommes décidés à distinguer l'alcali du quinquina jaune de celui du quinquina gris : mais ce qui nous a surtout déterminés à faire cette distinction c'est l'existence simultanée de ces deux substances dans quelques espèces de quinquina et la possibilité de les séparer l'une de l'autre. En effet si la matière amère du quinquina jaune n'était que de la cinchonine unie à une autre substance, comment pourrait-on séparer la cinchonine pure de la cinchonine impure lorsqu'elles seraient réunies :

autant dire qu'on pourrait en même temps purifier et ne pas purifier la cinchonine des matières dont elle serait souillée. Si l'examen que nous allons faire de l'alcali du quinquina jaune nous prouve qu'il diffère essentiellement de la cinchonine, le même examen nous fera reconnaître dans ces deux matières beaucoup de propriétés analogues. C'est ainsi que dans les propriétés médicales du quinquina jaune et du quinquina gris, on trouve une grande analogie mais non une identité parfaite, en sorte que dans certaines maladies le quinquina gris est employé avec avantage, tandis que dans d'autres cas le quinquina jaune est justement préconisé. Comme dans un travail de quelque étendue nous sommes obligés de désigner l'alcali du quinquina jaune sans employer de périphrase, comme d'ailleurs cette substance bien caractérisée mérite aussi bien un nom particulier que sa congénère dans le quinquina gris, nous avons cru devoir la nommer quinine, pour la distinguer de la cinchonine par un nom qui indique également son origine.

§ XLIV. — *De la quinine.*

On peut obtenir la quinine du quinquina jaune en employant les divers procédés que nous avons indiqués pour l'extraction de la cinchonine. Dans le cas d'un mélange naturel ou artificiel de cinchonine et de quinine la cristallisation et l'éther pourraient servir à séparer ces deux matières. La différence de la solubilité de quelques-unes de leurs combinaisons salines pourrait aussi, comme nous le dirons par la suite, donner des moyens d'opérer leur séparation.

La quinine ne cristallise jamais. Desséchée et entièrement privée d'humidité elle se présente sous forme de masse poreuse d'un blanc sale, elle est très-peu soluble dans l'eau; l'eau bouillante n'en dissout qu'environ 0, 005, l'eau froide en dissout encore moins. Malgré son peu de solubilité cette matière est très-amère, on ne peut non plus lui refuser une certaine affinité pour l'eau, car lorsqu'on évapore une solution de quinine dans de l'alcohol non absolu, elle retient de l'eau avec force, d'où il résulte une sorte d'hydrate transparent fusible à 90 degrés tandis que dépouillée d'eau par une chaleur long temps continuée la cinchonine perd de sa fusibilité et se présente sous forme d'une masse poreuse au lieu de s'offrir avec l'apparence de la cire fondue ou d'un vernis desséché.

L'alcohol dissout très-facilement la quinine : cette substance est beaucoup plus soluble que la cinchonine dans l'éther sulfurique ; elle se dissout aussi, mais en petite quantité dans les huiles fixes et volatiles.

La quinine exposée à l'air n'éprouve aucune altération ; elle ne paraît pas même attirer sensiblement l'acide carbonique. Elle se décompose par l'action du feu, et comme la cinchonine donne les produits des matières végétales non azotés : elle se comporte aussi comme la cinchonine avec le deutoxide de cuivre.

La quinine ne s'unit pas au soufre ni au carbone ; elle convertit l'iode, à l'aide de l'eau, en acide hydriodique et iodique ; l'hydriodate et l'iodate sont moins solubles que les mêmes sels à base de cinchonine. La quinine rétablit la couleur bleue du tournesol rougie par un acide; elle s'unit elle-même aux acides qu'elle sature et forme des sels généralement solubles et plus facilement cristallisables que ceux de cinchonine : ces sels ont tous un aspect nacré qui les distingue. Nous allons les examiner en particulier.

§ XLV. — *Du sulfate de quinine.*

L'acide sulfurique dissout la quinine et forme avec cette base un sel neutre qui cristallise très-facilement. Il se présente sous forme d'aiguilles ou de lames très-étroites, allongées, nacrées et légèrement flexibles, ressemblant à de l'amiante. Ces aiguilles s'entrelacent ou plutôt se groupent en mamelons étoilés. Ce sel est peu soluble à froid, si ce n'est dans un excès d'acide ; il est beaucoup plus soluble à chaud et cristallise par refroidissement. Il diffère par son aspect du sulfate de cinchonine : celui-ci est formé de lames plus dures, plus consistantes et plus régulières ; il est moins amer quoique plus soluble.

Le sulfate de quinine se fond aussi plus facilement à la chaleur ; il prend, quand il est fondu, l'aspect de la cire ; il est très-soluble dans l'alcohol ; l'éther n'en dissout que de petites quantités.

Les acides gallique, tartarique et oxalique font des précipités dans les solutions un peu concentrées du sulfate de quinine. Ce sel est décomposé par les alcalis fixes, l'ammoniaque ; la quinine se précipite en flocons très-blancs ; mais par la pression ces flocons se réunissent en une masse grisâtre. La moyenne de plusieurs analyses a donné pour la composition du sulfate de quinine :

quinine.	100.
acide sulfurique.	10, 9147.

D'où il résulte que le poids de la molécule de quinine est de 45, 9069.

Ces résultats montrent que la capacité de la quinine est plus faible que celle de la cinchonine et établissent une différence essentielle entre ces deux bases.

§ XLVI. — *De l'hydrochlorate de quinine.*

Ce sel est plus soluble que le sulfate de quinine et moins que l'hydrochlorate de cinchonine. Il diffère aussi de ce dernier par son aspect nacré ; il est aussi plus fusible.

Analysé par méthodes connues il s'est trouvé formé de :

quinine.	100.
acide hydrochlorique. .	7, 0862.

§ XLVII — *Du nitrate de quinine.*

L'acide nitrique s'unit facilement à la quinine et forme avec elle un nitrate, qui, par la concentration des liqueurs, se précipite sous forme d'un fluide oléagineux, l'action de l'acide nitrique sur la quinine ne peut servir à la faire distinguer de la cinchonine.

§ XLVIII. — *Du phosphate de quinine.*

On se rappelle que le phosphate de cinchonine est pour ainsi dire incristallisable : il n'en est pas de même du phosphate de quinine, ce sel cristallise très-facilement et se présente en petites aiguilles blanches translucides un peu nacrées, il est soluble dans l'alcohol.

§ XLIX. — *De l'arséniate de quinine.*

L'arséniate de quinine ressemble beaucoup au phosphate par l'aspect extérieur ; il est cependant moins nacré. Si on le compare à l'arséniate de cinchonine qui ne cristallise pas, on trouve dans la comparaison de ces deux sels un moyen de distinguer la quinine de la cinchonine.

§ L. — *De l'acétate de quinine.*

Voici un sel qui établit entre la quinine et la cinchonine une grande différence : on se souvient sans doute que l'acide acétique forme avec la cinchonine un sel très-soluble quand il est avec excès d'acide ; que ce sel évaporé se présente sous forme de masse gommeuse tant qu'on y laisse l'excès d'acide, et qu'au contraire, évaporé seulement à certain point il se fait un dépôt grenu, qui, lavé, est un sel peu soluble. La quinine se comporte d'une manière bien différente; en s'unissant avec l'acide acétique elle forme un sel très-légèrement acide ; ce sel cristallise très-facilement, et à un certain degré d'évaporation la dissolution se prend en masse cristalline formée d'aiguilles longues, larges et nacrées. Par une évaporation plus lente les aiguilles plates et feuilletées se groupent en étoiles et forment des mamelons qui offrent un aspect très-agréable à l'œil. Ce sel est peu soluble à froid : lorsqu'il est coloré (ce qui n'arrive qu'en le préparant avec de la quinine non purifiée) on peut le blanchir en le lavant avec de l'eau froide; il gagne les parties inférieures du vase et se précipite en filamens larges et soyeux ayant des reflets satinés. Il est beaucoup plus soluble dans l'eau bouillante, sa dissolution saturée à chaud se prend en masse par le refroidissement.

Il suffit d'avoir vu une fois ce sel pour toujours le reconnaître.

§ LI. — *De l'oxalate de quinine.*

L'acide oxalique forme avec la quinine un sel neutre très-peu soluble à froid; ce sel se dissout cependant en assez grande quantité dans l'eau bouillante, et sa solution saturée se prend par le refroidissement en une masse nacrée qui paraît formée d'aiguilles parallèles.

L'oxalate de quinine est soluble dans un excès d'acide oxalique et forme un sel qui cristallise en aiguilles.

Qu'on place dans une capsule une solution alcoholique de cinchonine, qu'on l'évapore de manière à avoir la quinine attachée à la partie interne de la capsule sous forme d'un vernis transparent, et qu'alors on verse dans la capsule une solution d'acide oxalique, il se passera un phénomène assez singulier : la liqueur acide dissoudra les premières couches de quinine sans perdre sa fluidité ni sa transparence, mais tout à coup elle se troublera, s'épaissira à vue d'œil et même se prendra en masse si les quantités d'acide et d'alcali sont en proportions convenables. Cet effet est dû à la saturation de l'excès d'acide qui d'abord tenait la quinine en dissolution. En délayant cette masse dans de l'eau froide, la jetant sur un filtre et la lavant, on obtient une poudre blanche qu'on prendrait au premier aspect pour de l'oxalate de chaux : c'est de l'oxalate de quinine. Ce sel est très-soluble dans l'alcohol, il s'y dissout en plus grande quantité à chaud qu'à froid, on peut l'obtenir cristallisé en aiguilles très-blanches. En versant de l'acide oxalique dans un sel soluble de quinine, il se fait également un précipité blanc qui est de l'oxalate de quinine ; on peut aussi préparer avec plus de facilité ce sel par la décomposition double : si les solutions étaient trop étendues, il faudrait concentrer les liqueurs.

§ LII. — *Du tartrate de quinine.*

Le tartrate de quinine diffère peu de l'oxalate de la même base; il paraît être un peu plus soluble.

§ LIII. — *Du gallate de quinine.*

L'acide gallique forme des précipités dans tous les sels solubles de quinine, pourvu toutefois que les solutions ne soient pas par trop étendues. Les gallates alcalins sont encore plus sensibles à la présence de la quinine : l'acide gallique s'unit directement à la quinine, et forme un sel neutre très-peu soluble à froid : si on le redissout à chaud, par le refroidissement les liqueurs deviennent lactescentes, et il se forme un dépôt toujours opaque. Le gallate de quinine est soluble dans l'alcohol et dans un excès d'acide.

Les infusions et les teintures de noix de galle précipitent la quinine de ses dissolutions : il paraît qu'elles agissent par l'acide gallique qu'elles contiennent, car les matières tannantes artificielles ne précipitent la cinchonine que dans le cas où il entre dans leur composition un acide qui forme avec cette base un sel peu soluble. Ces considérations sont également applicables aux sels de cinchonine.

§ LIV.

Telles sont les diverses combinaisons de la quinine que nous avons eu occasion d'examiner. Nous ne doutons pas qu'après avoir répété nos expériences, les chimistes ne soient convaincus des différences qui existent entre la base salifiable du quinquina gris et celle du quinquina jaune, et qu'ils n'admettent simultanément la quinine et la cinchonine comme deux substances différentes.

§ LV. — *Analyse du quinquina jaune.*

Après avoir extrait et examiné la quinine, nous avons entrepris l'analyse du quinquina jaune; les procédés que nous avons suivis ayant été à peu près ceux employés dans l'analyse du quinquina gris, nous ne croyons pas devoir les rapporter. Voici les résultats que nous avons obtenus :

Kinate acide de quinine.
Rouge cinchonique.
Matière colorante rouge soluble (tannin).
Matière grasse.
Kinate de chaux.
Amidon.
Ligneux.
Matière colorante jaune.

§ LVI. — *Examen particulier des principes constituans du quinquina jaune.*

Nous avons fait connaître les propriétés de la quinine, nous n'y reviendrons plus.

Le rouge cinchonique a toutes les propriétés que nous lui avons trouvé dans le quinquina gris.

La matière colorante rouge soluble (tannin) ne diffère de celle du quinquina gris, qu'en ce qu'elle précipite les sels de fer en brun au lieu de les précipiter en vert; la matière colorante jaune est la même dans les deux écorces.

La matière grasse, à la couleur près, est en tout semblable à celle du quinquina gris; elle est d'un jaune-orange; elle paraît aussi être plus odorante : il ne serait pas étonnant qu'elle contînt un principe odorant particulier, comme on en rencontre dans plusieurs matières grasses végétales et animales.

Le kinate de chaux est le même dans les deux écorces.

L'amidon est identique dans les deux quinquina gris et jaune.

Nous n'avons pas trouvé de matière gommeuse véritablement bien caractérisée dans le quinquina jaune : nous attribuons à son absence la facilité avec laquelle on obtient à l'état de pureté le kinate de la magnésie dans le traitement du quinquina jaune pour l'extraction de la quinine.

Tableau comparatif de quelques propriétés de la cinchonine et de la quinine, pour établir la différence entre les deux bases.

	CINCHONINE.	QUININE.
FORME.	En aiguilles prismatiques.	En masse amorphe.
Saveur.	Amère particulière.	Amère beaucoup plus désagréable.
Fusibilité.	Infusible.	Fusible au moins à l'état d'hydrate.
Poids de la molécule.	Est de 38, 488.	Est de 45, 9069.
Action de l'alcohol.	Soluble dans l'alcohol, y peut cristalliser.	Soluble dans l'alcohol, n'y peut cristalliser.
Action de l'éther.	Très-peu soluble dans l'éther, y cristallise.	Très-soluble dans l'éther, incristallisable.
Sulfate, son aspect, etc.	Cristallisable, forme déterminable, prisme à 4 pans.	Cristallisable, en aiguilles soyeuses-nacrées.
Sa constitution.	Base 100, acide 13, 0210.	Base 100, acide 10, 9147.
Hydrochlor., aspect.	Cristallisable, en aiguilles.	Facilement cristallisable, houppes soyeuses.
Constitution.	Base 100, acide 9, 035.	Base 100, acide 7, 0862.
Phosphate.	Incristallisable, aspect gommeux.	Cristallise en aiguilles nacrées.
Arséniate.	Incristallisable.	Cristallise en aiguille prismatiques.
Acétate.	Très-soluble, petits cristaux grenus.	Moins soluble, cristaux se groupant en étoiles, en gerbes, etc.

EXAMEN CHIMIQUE

Du quinquina rouge (cinchona oblongifolia.).

§ LVII. — *Choix de l'écorce soumise à l'analyse.*

Le quinquina rouge que nous avons soumis à l'analyse était en écorces de moyenne grosseur, roulées et recouvertes de lichen; les morceaux ont été spécialement choisis un à un, et l'on a pris toutes les précautions pour éloigner les échantillons dont on aurait pu douter; on ne peut donc supposer qu'on ait employé du quinquina jaune coloré par une liqueur alcaline. On verra plus bas pourquoi nous avons tellement insisté sur le choix de ce quinquina. L'infusion de ce quinquina précipite abondamment par la noix de galle, l'émétique et la gélatine.

§ LVIII. —*Extraction de la base salifiable du quinquina rouge.*

En suivant toujours la marche que nous nous étions tracée nous avons cherché à extraire, par les divers procédés indiqués, la cinchonine que le quinquina rouge pouvait contenir, non-seulement nous en avons obtenu de parfaitement cristallisée, et en tout semblable à celle du quinquina gris, mais elle était en quantité trois fois plus forte pour un poids donné des deux écorces. Une chose qui nous a d'abord frappé, et que nous avons ensuite expliquée, est que l'alcohol qui avait servi à traiter le précipité magnésien pour en extraire la cinchonine, ne donnait de cristaux que dans le cas où l'on conduisait l'évaporation qu'à un certain terme, et non à siccité; car dans ce cas on n'avait qu'une masse grenue et colorée. Nous avions d'abord pensé que la cinchonine était seulement engagée dans un matière colorante ; mais nous n'avons pas tardé à reconnaître que la matière qui s'opposait à la cristallisation de la cinchonine dans les liqueurs trop rapprochées, était de la quinine (1). Nous sommes parvenus à séparer ces deux bases, en employant les cristallisations, l'éther et l'acide acétique. Nous avons déjà parlé de ces procédés.

D'après notre analyse, le quinquina rouge est composé de

Kinate acide de cinchonine,
Kinate acide de quinine,
Kinate de chaux,
Rouge cinchonique,
Matière colorante rouge soluble (tannin),
Matière grasse,
Matière colorante jaune,
Ligneux,
Amidon.

§ LXIX. *Résultats comparés de l'analyse des quinquina gris, jaune et rouge.*

Nous avons déjà dit qu'il nous paraissait impossible de faire une analyse quantitative des matières végétales dont la composition était compliquée ; nous croyons cependant devoir établir quelques rapports proportionnels entre les principes constituans des trois espèces de quinquina. Ces rapports pourront donner lieu à quelques inductions qui ne seront pas sans utilité.

Nous remarquerons d'abord que la base salifiable existe

---

(1) Nous ferons cependant remarquer qu'il existe quelques différences entre la quinine du quinquina jaune et l'alcali incristallisable que nous signalons ici. Ces différences consistent dans la plus grande fusibilité de l'alcali incristallisable du quinquina rouge et dans l'aspect de son sulfate ; néanmoins nous ne croyons pas à présent devoir considérer cette matière autrement que comme une variété de la précédente.

dans le quinquina gris en moins grande quantité que dans le quinquina jaune, puisque nous n'avons pu retirer que deux grammes de cinchonine par kilogramme d'écorce, tandis que le quinquina jaune nous a donné neuf grammes de quinine (1) : mais comme ces bases ne sont pas absolument les mêmes, on ne peut rigoureusement établir par elles un point de comparaison entre les deux quinquina.

Quant au quinquina rouge roulé, il réunit les deux bases salifiables et en quantité bien supérieures à celles que contiennent les quinquina gris et jaune, puisque d'un kilogramme de quinquina rouge on a retiré huit grammes de base salifiable, cristallisable (cinchonine), quantité quadruple de celle fournie par le quinquina gris, et dix-sept grammes de base salifiable, incristallisable (quinine), c'est-à-dire, presque le double de celle retirée du quinquina jaune.

D'après ces considérations, si l'on parvient à établir que, dans les quinquina, le principe actif réside dans la base salifiable, on expliquera comment il arrive que le quinquina gris et le quinquina jaune présentent des nuances dans leur propriété médicale. Quant au quinquina rouge (*variété roulée*), il serait le quinquina par excellence, puisqu'il réunirait les deux principes, et les contiendrait en grandes proportions.

Le rouge cinchonique existe dans les trois espèces de quinquina; il paraît identique dans ces trois écorces. Le quinquina rouge en contient le plus, et le gris en contient le moins.

La matière tannante existe en moins grande quantité dans le quinquina jaune, que dans les quinquina gris et rouge; elle diffère un peu dans chaque espèce.

---

(1) Nous croyons bien n'avoir pas retiré du quinquina gris toute la quantité de cinchonine qu'il peut contenir; mais il en a dû être de même des autres quinquina, et la perte a dû être à peu près proportionnelle.

La gomme n'existe que dans le quinquina gris. Le quinate de chaux et les autres principes mentionnés, sont identiques dans les trois espèces de quinquina.

§ LX. *Du principe actif des quinquina.*

Quel est le principe actif des quinquina? Quelle est, dans ces écorces, la substance qui agit dans le traitement des fièvres, et qui combat si énergiquement l'intermittence? Ce ne serait peut-être pas à nous qu'il conviendrait de chercher la solution de ce problème. Cependant, comme nous sommes convaincus que ce principe est la base salifiable; la cinchonine dans le quinquina gris, la quinine dans le quinquina jaune, et ces deux substances dans le quinquina rouge, peut-être avec des nuances et des degrés divers d'intensité, nous croyons devoir établir sur quoi nous fondons notre opinion.

On reconnaît les quinquina *de bonne qualité*, et on les distingue des écorces inertes ou étrangères, non-seulement à l'aspect extérieur, mais encore par la réunion de plusieurs propriétés physiques et chimiques. On sait que les bons quinquina ont une saveur amère styptique, et comme aromatique toute particulière, et telle qu'on ne peut la confondre avec celles des autres écorces exotiques ou indigènes: or, de tous les principes contenus dans le quinquina gris, que nous prendrons pour exemple, la cinchonine seule a une amertume et même une saveur prononcée; cette saveur est exactement celle du quinquina; le quinquina dépouillé de cinchonine est presqu'insipide. Les autres principes du quinquina gris n'ont presque pas de saveur, si on en excepte la matière colorante rouge soluble; encore, la saveur de ce principe est-elle très-faible et simplement un peu astringente.

Les travaux de M. Vauquelin ont fait connaître que les quinquina, généralement reconnus comme fébrifuges, précipitaient par la noix de galle; or, dans le quinquina le seul principe précipitable par la noix de galle est la cinchonine.

A quelle autre substance attribuerait-on les propriétés médicales du quinquina? Ce ne serait pas, sans doute, à l'amidon, à la gomme? Serait-ce au tannin? Mais il est beaucoup de substances tannantes; et ces substances sont peu fébrifuges, et les médecins leur refusent la propriété anti-intermittente. Serait-ce au kinate de chaux? Mais ce sel n'a ni amertume, ni stypticité, ni aucune des propriétés qu'on signale dans le quinquina, et qui se retrouvent dans la cinchonine. L'on sait, d'ailleurs, que M. Vauquelin a dit qu'il ne croyait pas le kinate de chaux fébrifuge, parce qu'il était insoluble dans l'alcohol, tandis que les préparations alcoholiques de quinquina étaient celles qui étaient douées de plus de vertus.

Les praticiens savent, d'ailleurs, que le *sel essentiel* de quinquina, préparé par macération dans l'eau froide, est peu fébrifuge; or, ce sel contient beaucoup de kinate de chaux et peu de kinate de cinchonine. On ne peut tirer une induction contraire à notre manière de voir de la différence d'opinion des divers chimistes qui ont analysé le quinquina concernant le principe fébrifuge, puisqu'en compulsant ces analyses, on trouve généralement que les différentes matières auxquelles ils ont attribué l'efficacité du quinquina, étaient des composés plus ou moins complexes, dans lesquels entre la cinchonine, masquée par les substances qui y sont combinées. Ainsi, par exemple, nous voyons Reuss attribuer les propriétés actives du quinquina à ce qu'il nomme amer cinchonique. Or, on peut démontrer maintenant que cette matière est un mélange de cinchonine, de kinate de chaux et de matière colorante. La matière jaune amère de M. Laubert, qu'on a regardée aussi comme le principe fébrifuge du quinquina, est du kinate de cinchonine et de la matière colorante jaune. Enfin, la matière blanche que ce chimiste en a séparé par l'eau potassée, et qu'il a regardée comme une résine pure, est la cinchonine elle-même, peut-être seulement unie à un peu de matière grasse. Enfin, M. le docteur Gomès, qui le premier a obtenu la cinchonine, quoiqu'il n'ait pas connu sa nature alcaline et ses principales propriétés chimiques, n'hésite pas à regarder la cinchonine comme le principe actif du quinquina.

Si nous raisonnons ensuite par analogie, nous voyons que toutes les bases salifiables organiques ont des propriétés spéciales très-énergiques. La morphine représente l'action calmante de l'opium ; la strychnine produit un horrible tétanos ; la picrotoxine agit sur le cerveau ; la vératrine est dans l'hellebore blanc et dans la cévadille le principe sternutatoire. Il existe dans le quinquina un alcali végétal, et on lui refuserait, sans examen, une action spéciale (1) !

Nous sommes loin, cependant, de soutenir qu'il ne faut plus employer le quinquina en nature. Quand notre opinion sur le principe actif du quinquina serait basée sur les observations médicales les plus nombreuses et les plus avouées, nous ne tiendrions pas ce langage. Nous ne nions pas que les autres principes qui accompagnent la cinchonine dans le quinquina, ne puissent modifier son action d'une manière utile et physiologiquement inconnue ; mais des modifications à une propriété entraînent l'existence spéciale de cette propriété même. Dira-t-on que c'est uniquement *dans la réunion des principes du quinquina* et *dans leur combinaison intime* que *reposent les vertus de ce médicament* (loco citato) ; mais alors il faudrait bannir toute composition qui pourrait troubler cette *union intime*. Il faudrait dire aussi que la noix vomique, la coque du Levant n'agissent pas en vertu de la strychnine, de la picrotoxine qu'elles récèlent, mais bien par la réunion intime de leur principe ; il faudrait dire aussi que ce n'est pas le mercure rendu soluble qui agit dans quelques maladies, mais une certaine réunion intime. En un mot, il faudrait prendre les médicamens tels que la nature nous les offre, et bannir les sciences chimiques

(1) *Voyez* Dictionnaire des Sciences médicales, tom. 46.

du sanctuaire de la médecine. Mais en admettant un principe actif dans un médicament, il nous semble qu'il est utile de l'obtenir et d'étudier ses propriétés. Il est telle circonstance où l'on sera heureux de pouvoir l'administrer pour l'avoir dans toute son énergie : il est des cas où un malade ne peut prendre une once de poudre ou un verre de liquide. D'ailleurs, cette connaissance du principe actif, éclaire les préparations pharmaceutiques des médicamens, fait connaître les formules raisonnées, et les distingue de celles qui sont empiriques, absurdes et souvent dangereuses. Du reste, espérons que quelque praticien habile, joignant la prudence à la sagacité, fera des recherches thérapeutiques sur les alcalis des quinquina, et donnera ainsi à notre travail une utilité médicale.

EXAMEN CHIMIQUE

Du quinquina Carthagène (Portlandia hexandra).

Après avoir terminé l'analyse des principales espèces de quinquina usitées en médecine, nous avons pensé devoir nous occuper des végétaux qui, par leurs propriétés fébrifuges, semblaient présenter quelques analogies avec les quinquina que nous avions examinés. Le portlandia, genre très-voisin du cinchona, renferme une espèce, le portlandia hexandra, dont l'écorce est assez abondamment répandue dans le commerce, sous le nom de quinquina Carthagène : cette espèce a d'abord fixé notre attention. On sait que ce *quinquina* est moins amer, moins astringent et passe pour moins fébrifuge que les quinquina gris, jaune et rouge. Cependant ses propriétés médicales sont loin d'être nulles, et il est employé avec succès, à la Guyane, dans le traitement des fièvres intermittentes si communes dans ce pays (1). Le portlandia, de la famille des rubiacées, n'est pas très-éloigné du cinchona sous le point de vue botanique; voyons donc jusqu'à quel point l'examen chimique confirmera l'analogie entre ces deux genres. La méthode que nous avons suivie dans l'analyse du quinquina Carthagène, rentre dans celle mise en usage lors de l'examen que nous avons fait des quinquina gris, rouge et jaune. Nous nous bornerons à quelques détails; renvoyant nos lecteurs à nos premiers mémoires, nous n'insisterons que sur ce qui est particulier à l'écorce qui nous occupe.

Nous ferons d'abord remarquer que non-seulement le quinquina Carthagène fournit très-peu de chose à l'eau, lorsqu'on le soumet à la décoction dans ce liquide, mais que l'alcohol lui-même l'attaque avec peine; cependant en prolongeant l'action de ce liquide, et surtout en employant un digesteur à soupape, on obtient des teintures très-chargées. La manière d'agir de l'eau et de l'alcohol sur le quinquina Carthagène, indique déjà, et l'analyse démontrera, que cette écorce contient beaucoup de rouge cinchonique, matière très-peu soluble dans l'eau, et qu'en général, les principes qu'elle renferme sont dans un grand état de cohésion; cette remarque trouvera plus bas son application.

Les teintures alcoholiques évaporées donnent un extrait résineux, rougeâtre, translucide. Cet extrait lavé à l'eau froide, laisse une grande quantité de matière résinoïde en flocons rougeâtres. Ces flocons traités à plusieurs reprises par de l'eau bouillante, diminuent de masse et de volume; la matière insoluble présente les caractères du rouge cinchonique; les liqueurs aqueuses sont colorées en rouge, et présentent les phénomènes suivans.

Avec la noix de galle, elles donnent un précipité abon-

---

(1) Bosc, Dictionnaire d'histoire naturelle de *Déterville*.

dant ; elles précipitent fortement la gélatine et la solution d'émétique ; versées dans une dissolution de sulfate de fer, elles y forment un précipité brun-verdâtre. Ces phénomènes indiquent déjà une grande analogie de composition entre le quinquina Carthagène et le quinquina gris ; nous remarquerons cependant qu'il contient plus de rouge cinchonique.

Une portion seulement des liqueurs aqueuses ayant été employée aux essais que nous venons de mentionner, la masse entière a été traitée par un excès de magnésie ; le liquide filtré n'avait plus qu'une couleur jaune ; la saveur était peu amère, il contenait du quinate de magnésie et de la matière jaune colorante ; il ne précipitait plus la gélatine, ni l'infusion de noix de galle ; l'émétique était également sans action sur ces liqueurs ; le précipité magnésien traité par l'alcohol, a donné une liqueur jaunâtre très-amère ; cette liqueur, évaporée, a fourni une masse de cristaux colorés ; ces cristaux, purifiés par des lavages avec l'éther sulfurique, avaient tous les caractères que présente la cinchonine. L'éther qui avait servi à purifier les cristaux de cinchonine, a fourni par évaporation une matière poisseuse, qu'on a dissoute dans de l'acide acétique concentré. L'on a ensuite ajouté de l'eau pour précipiter la matière grasse ; et par évaporation de la liqueur, on a obtenu un sel qu'on a reconnu pour de l'acétate de quinine. (Voyez analyse du quina rouge.)

Le quinquina Carthagène épuisé par l'alcohol, et traité par l'eau froide, a fourni une liqueur faiblement colorée en jaune rougeâtre, dans laquelle on trouvait de la gomme, de la matière tannante, et un peu de kinate de chaux : l'eau bouillante mise ensuite en action, s'est chargée de matière tannante, et d'un excès d'amidon sensible par l'iode. Le tannin du quinquina Carthagène entièrement privé de rouge cinchonique, précipite le sulfate de fer en brun noirâtre, tandis que lorsqu'il retient du rouge cinchonique, le précipité est verdâtre. Le quinquina après avoir été épuisé par l'action de l'eau bouillante, ne paraissait plus être autre que du ligneux.

Si nous revenons sur l'ensemble de cette analyse, pour en déduire quelques conséquences, nous remarquerons, aux proportions près, une analogie de composition presque parfaite entre le quinquina de Carthagène et le quinquina rouge : ce qui montre que dans quelques végétaux, l'analogie de composition s'étend au delà du genre, remarque que nous avons déjà faite dans l'analyse du colchique et de l'hellébore blanc. Cependant l'analyse de l'ipécacuanha, celle du café, publiée par M. Robiquet (1), démontrent que dans les rubiacées, l'analogie de composition n'existe qu'entre certains genres, que déjà les botanistes ont groupés d'après des caractères extérieurs; et si, comme on n'en peut douter, toutes les sciences sont liées entre elles par des rapports, dont quelques-uns seulement nous sont connus, peut-être la chimie fournira-t-elle aux botanistes, non des caractères pour réunir ou séparer les espèces, mais des inductions pour établir des rapprochemens entre certains genres. Déjà le portlandia (2) est rapproché du cinchona : le psychotria, le callicoca, le café en sont beaucoup plus éloignés ; aussi en diffèrent-ils infiniment plus, sous le point de vue de la composition chimique.

Passant à une autre considération, nous ferons remarquer que la grande quantité de matière résinoïde qui existe dans l'écorce qui nous occupe, matière qui en enveloppant le kinate de cinchonine le rend moins soluble dans les liqueurs

---

(1) Nous avions commencé l'examen du café, nos résultats étaient semblables à ceux de notre confrère; mais son travail antérieur au nôtre et plus avancé, nous a dispensés de terminer notre analyse.

(2) Selon Aublet et autres, le quina Carthagène est fourni par le coutarea speciosa; mais le coutarea est le genre qui suit immédiatement le Portlandia, dont il diffère par le nombre des étamines.

aqueuses et alcoholiques, explique le peu d'action de cette écorce sur l'économie animale. Le quina Carthagène pris en nature, doit résister plus fortement que les autres quinquina à l'action des sucs gastriques. Employé en décoction, il doit retenir la cinchonine qu'il contient, et n'en céder que très-peu.

Dans un temps où le quinquina viendrait à manquer, on pourrait tirer un grand parti pour la médecine, des quantités de quina Carthagène qu'on trouverait encore dans les magasins, non en employant ce quinquina en nature, mais en augmentant son énergie, par des préparations qui, dégageant la cinchonine des matières qui l'enveloppent, l'offriraient dans toute son énergie; dans ce cas la chimie rendrait encore un service à l'humanité.

EXAMEN CHIMIQUE

De l'écorce connue sous le nom de Kina-Nova, pour faire suite à l'examen chimique des quinquina.

DANS ces derniers temps on a introduit dans le commerce une écorce à laquelle on a donné le nom de *kina-nova*. On ignore quel est l'arbre qui la produit; il n'est pas probable qu'il appartienne au genre *cinchona*. Du reste, cette écorce dont les propriétés fébrifuges ne sont rien moins que certaines, paraît devoir être reléguée parmi ces substances que la cupidité et la fraude ont introduites comme succédanées de médicamens plus efficaces. Cette notice, en démontrant que cette écorce ne contient ni cinchonine ni quinine, contribuera à la faire entièrement bannir de l'emploi médical. Mais, en perdant tout intérêt pour le pharmacologiste, le kina-nova en acquerra un pour le chimiste, en lui présentant parmi les végétaux le second exemple d'un acide analogue aux acides gras de nature fixe, découverts dans le règne animal.

Lorsque l'on soumet le kina-nova à l'action de l'eau bouillante, on obtient des décoctions qui précipitent abondamment par la gélatine animale et sont sans action sur l'émétique et l'infusion de noix de galle. Elles donnent un précipité brunâtre, par l'instillation de quelques gouttes de solution de sulfate de fer (1). Ces observations suffiraient pour montrer le peu de rapport qu'a cette écorce avec les vrais quinquina ; mais nous avons cru devoir pousser plus loin nos recherches.

Le kina-nova soumis à l'action de l'alcohol, fournit une grande quantité de matière résinoïde d'un rouge brunâtre ; cette matière traitée par l'eau bouillante s'y dissout en partie, la liqueur aqueuse se comporte avec la gélatine, l'infusion de noix de galle, l'émétique et le sulfate de fer comme la décoction de l'écorce elle-même. Elle est colorée en rouge, mais, lorsqu'on la traite par de la magnésie en excès, elle perd cette couleur et ne retient qu'une teinte jaunâtre très-prononcée ; dans cet état elle n'est plus acide, elle semble au contraire être légèrement alcalescente. Lorsqu'on verse dans cette liqueur un acide quelconque il s'y fait sur-le-champ un précipité blanc, floconneux, très-abondant, que redissolvent facilement non-seulement les chaux, mais encore les eaux de chaux et de baryte. La matière floconneuse précipitée par les acides est très-peu soluble dans l'eau ; mais se dissout facilement dans l'alcohol et l'éther. L'acide gallique et la teinture de noix de galle forment dans les décoctions de kina-nova très-rapprochées, traitées par la magnésie, puis filtrées, des précipités semblables à celui que nous

(1) M. Guibourt a vu l'action du kina-nova sur les quatre réactifs précités, et a consigné ces observations dans son Traité des médicamens.

venons de signifier ; ils n'ont aucun rapport avec ceux que la noix de galle forme dans les décoctions de quinquina vrais.

Nous reviendrons plus bas sur cette substance singulière, que nous regardons comme un acide particulier, qui, formant avec la magnésie un sel soluble, a été enlevé par cette base aux lavages aqueux de l'extrait alcoholique du kina-nova : disons maintenant un mot de la matière colorante rouge et des substances contenues dans le précipité magnésien.

La matière colorante rouge du kina-nova pourrait au premier abord paraître analogue au rouge cinchonique des vrais quinquina ; mais, en l'examinant avec soin, on voit qu'elle en diffère sous quelques rapports. Elle est moins soluble dans la potasse, elle se dissout aussi moins facilement dans l'acide acétique ; dissoute dans l'eau, elle ne précipite pas l'émétique ; elle est un peu soluble dans l'éther sulfurique, d'un autre côté elle s'en rapproche par la propriété qu'elle a de pouvoir être convertie en matière tannante, par l'action successive de la potasse et d'un acide, et de donner de l'acide oxalique quand on la traite par l'acide nitrique.

Nous ne nous arrêterons pas davantage sur cette matière qui semble faire le passage entre le rouge cinchonique et les matières résineuses. Venant à l'examen de la magnésie employée au traitement du kina-nova, nous l'avons trouvée en grande partie combinée à de la matière colorante rouge et à de la matière tannante (1). L'alcohol mis en ébullition sur le précipité magnésien, s'est légèrement coloré en jaune, et par l'évaporation a donné, en quantité infiniment petite, une matière jaunâtre ayant la propriété de ramener au bleu le papier de Tournesol, rougi par un acide ; la petite quantité que nous avions de

(1) *Voyez* le Mémoire sur le quinquina, pour plus de détails sur la manière d'analyser ces sortes de précipités.

cette matière, quantité qui n'était que de 3 grains pour deux livres d'écorce (un kilog.), ne nous a pas permis d'examiner ses propriétés; nous sommes cependant assurés qu'elle ne contenait ni cinchonine ni quinine; nous ne croyons pas qu'elle mérite un examen plus approfondi, d'autant plus qu'elle ne paraît pas suffire à la saturation de l'acide qui est en partie uni à la chaux. La matière tannante du kina-nova, matière qui ne précipite pas l'émétique, nous paraît aussi être une combinaison du même acide avec la matière colorante rouge.

Le kina-nova épuisé par l'alcohol, fournit encore à l'eau de la matière tannante, de la gomme, de l'amidon et une petite quantité d'un sel à base calcaire.

Il suit donc de ce qui précède et de quelques expériences que nous n'avons pas rapportées dans cette notice, que l'écorce connue sous le nom de kina-nova est composée de :

1°. Une matière grasse.
2°. Un acide particulier, (acide kinovique.)
3°. Une matière résinoïde rouge.
4°. Une matière tannante.
5°. Gomme.
6°. Amidon.
7°. Matière colorante jaune.
8°. Matière alcalescente en très-petite quantité.
9°. Ligneux.

L'acide contenu dans le kina-nova, nous paraît mériter quelque attention par sa ressemblance avec les acides des corps gras. M. Chevreul a déjà trouvé dans le *viburnum opulus*, un acide de ce genre, (acide qu'il regarde comme identique avec celui du *delphinus globiceps*); notre acide sera donc le second de ce genre, et, comme il pourrait se faire qu'il se rencontrât dans d'autres végétaux, nous croyons devoir indiquer ses principales propriétés. Nous désignons cet acide dans notre laboratoire sous le nom d'acide *kinovique*, nous sentons que ce nom ne peut être adopté indéfiniment, mais faute d'un meilleur, ne connaissant nullement le genre ni la famille du végétal qui nous a fourni cet acide, nous continuerons de faire usage de cette expression.

L'acide *kinovique*, obtenu par précipitation, est léger, floconneux, d'un blanc éclatant, extrêmement peu soluble dans l'eau, très-soluble dans l'éther et l'alcohol; l'eau le précipite de sa dissolution alcoholique, sous l'apparence de flocons blancs, qui viennent en partie nager à la surface du liquide; il forme avec les alcalis des sels très-solubles; avec la chaux, la baryte et la magnésie des sels moins solubles que les précédens, mais beaucoup plus solubles que l'acide. La solubilité du kinovate de magnésie nous a donné la facilité de voir comment cet acide agirait sur quelques oxides, par voie de double décomposition. Si l'on verse une solution de ce sel dans une dissolution de nitrate d'argent, d'acétate de plomb, de sulfate de cuivre, de sulfate de fer, il ne se manifeste aucun précipité, ce qui tend à faire voir que les combinaisons possibles de l'acide kinovique avec les oxides de ces métaux jouissent d'une certaine solubilité; cependant on obtient un léger précipité avec le seul acétate de plomb et le sublimé corrosif.

Le kinovate de magnésie fait aussi un précipité très-marqué dans les sels de cinchonine, l'acide uni au cinchonine se combine avec la magnésie, et le cinchonin se précipite avec l'acide kinovique.

Les kinovates sont décomposés par tous les acides jouissant d'un peu d'énergie; l'acide kinovique se précipite en larges flocons blancs : une propriété particulière des kinovates terreux c'est d'être très-solubles dans l'alcohol et dans l'éther, car nous avons obtenu en dissolution dans ce menstrue du kinovate de baryte et du kinovate de magnésie; cette propriété sert à distinguer cet acide de tous les acides végétaux connus.

ESSAI CHIMIQUE

Sur le quinquina de Sainte-Lucie (kina piton), *exostemma floribunda.*

L'examen chimique de l'espèce de quinquina connue sous le nom de quina piton, et qui croît particulièrement aux Antilles, où il passe pour être très-fébrifuge et vomitif, était d'autant plus important à faire, que le végétal qui le produit a été nouvellement séparé du genre *cinchona* par MM. Humbold et Bompland, en raison de quelques caractères botaniques qui lui sont particuliers. Malheureusement, malgré l'extrême obligeance de M. le docteur Alibert, qui a bien voulu se défaire, en notre faveur, d'une partie du quinquina piton qu'il avait dans son droguier, nous n'avons pu réunir une quantité suffisante de cette écorce pour en faire un examen approfondi. Mais, ne sachant quand nous pourrons reprendre ce travail, nous croyons devoir consigner les observations que nous avons été à même de faire sur la petite quantité d'écorce qui était à notre disposition.

Nous avons d'abord constaté l'extrême amertume et la propriété nauseuse de cette écorce. Son amertume est infiniment plus forte que celle des vrais quinquina; elle se rapproche de celle de la fausse-angusture. Les décoctions précipitent l'émétique et la gélatine, mais elles ne troublent que légèrement l'infusion de noix de galle : versées dans une solution de sulfate de fer, elles y font un précipité vert. L'action de la noix de galle est ce qu'il y a de principal à noter ici, puisqu'elle semble déjà indiquer que, s'il existe dans le quina piton de la quinine ou de la cinchonine, ces deux bases ne peuvent y être qu'en très-petite quantité.

Comme c'était la présence ou l'absence de ces deux matières qu'il nous importait principalement de constater, nous avons cru devoir traiter la plus grande partie de ce que nous avions de quina de Sainte-Lucie, c'est-à-dire, dix onces de cette écorce, d'après le procédé indiqué dans notre analyse des vrais quinquina, § XLI de notre premier mémoire. En conséquence, la matière résinoïde a été obtenue par l'alcohol, et ensuite soumise à l'action d'une grande masse d'eau bouillante qui en a extrait toutes les parties solubles en ne laissant qu'une substance analogue au *rouge cinchonique;* les liqueurs aqueuses ont été rapprochées et traitées par de la magnésie, et l'on a obtenu une belle laque magnésienne de couleur jaune; les liqueurs filtrées étaient infiniment moins colorées, et n'avaient qu'une teinte jaune, mais elles étaient d'une excessive amertume. Le précipité magnésien, après avoir été bien lavé, a été traité par l'alcohol; les liqueurs alcoholiques étaient presque incolores; distillées, elles ont laissé une très-petite quantité d'une substance d'un jaune brunâtre, d'une excessive amertume, et qui n'avait aucun rapport avec la cinchonine ni la quinine. Le peu de matière retirée de la magnésie par l'alcohol, l'excessive amertume des liqueurs aqueuses provenant du lavage de la magnésie, nous firent présumer que le principe amer avait été, pour la plus grande partie, retenu en dissolution dans les eaux de lavage de la laque magnésienne. Nous avons donc évaporé les eaux en consistance de sirop très-épais, et traité ce résidu par de l'alcohol très-fort qui en a dissout la plus grande partie en se chargeant de toute la substance amère. Les matières alcoholiques évaporées ont donné une matière brunâtre peu différente de celle obtenue par le traitement alcoholique au précipité magnésien : cependant sa saveur amère n'était pas aussi franche; elle avait un avant-goût légèrement sucré. Cette substance, peu soluble dans l'eau, quoique beaucoup plus que la quinine, dont elle a l'aspect, se dissout très-bien dans les liqueurs acides; il ne faut même que des quantités extrêmement faibles d'acide pour produire un effet très-sensible ; ce qui prouve que, si l'on considère cette matière comme une substance *alcalescente*, du moins sa capacité doit être indiquée comme très-faible.

La solution de la matière amère par l'acide sulfurique, évaporée avec précaution et abandonnée à elle-même, n'a pas donné de cristaux ; on n'a obtenu qu'une masse gélatineuse. La solution par l'acide acétique n'a fourni que des plaques non cristallines. Ces diverses dissolutions étaient jaunâtres, et ne se décoloraient pas par le charbon animal.

Comme nous avions combiné à l'acide sulfurique la presque totalité de la matière amère que nous possédions, il a fallu pour la soumettre à de nouveaux essais, la séparer de l'acide sulfurique ; nous avons à cet effet employé la baryte. La matière amère a été ensuite reprise par l'alcohol fort. Nous avons remarqué que la baryte s'est colorée en jaune brunâtre, et que la matière amère moins colorée avait perdu cet avant-goût sucré qu'elle possédait avant ce dernier traitement. La baryte lui aurait-elle enlevé une matière sucrée qui s'y serait trouvée mélangée avant d'avoir subi cette dernière opération. Nous ne pouvons assurer ce fait, n'ayant pas eu assez de matière pour avoir pu nous livrer à ces recherches. Du reste, la matière amère ainsi obtenue de nouveau se comportait avec les acides comme avant d'avoir été mise en contact avec la baryte ; et ces sels (si on peut appeler de ce nom les dissolutions dans les acides), n'étaient ni plus ni moins cristallisables qu'auparavant.

Les expériences que nous venons de rapporter, nous paraissent insuffisantes pour établir d'une manière positive la nature et les propriétés des principes que contient le quinquina de Sainte-Lucie ; elles démontrent cependant que la matière amère propre à cette écorce est différente de la cinchonine du quinquina gris et de la quinine de quinquina jaune, elle se rapproche beaucoup plus de l'émétine. L'on sait d'ailleurs que le quinquina piton est vomitif (1).

Quant à l'acide que contient en très-petite quantité le quinquina piton, nous ne croyons pas devoir nous prononcer entièrement sur sa nature; il a cependant beaucoup de rapport avec l'acide kinique : comme ce dernier il produit des sels solubles avec la magnésie et la chaux; mais il précipite par l'acétate de plomb ordinaire, peut-être cet effet est-il dû à une matière étrangère que nous n'aurions pu isoler, vu la petite quantité de substance qui était à notre disposition.

L'absence de la cinchonine et de la quinine dans le quinquina piton, est d'autant plus à remarquer, qu'elle permet à la chimie de confirmer la séparation que les botanistes ont cru devoir faire du quinquina piton d'avec les véritables quinquinas. Il est même fort curieux de voir qu'une espèce séparée d'un genre par un caractère extérieur, se trouve aussi différer des espèces qui composent ce genre, par une composition chimique différente : cependant, comme nous avons retrouvé dans un portlandia, genre différent du cinchona, les mêmes principes que dans ce dernier genre, nous devons inférer de là, que la différence des genres n'entraîne pas toujours dans la famille des rubiacées une différence de composition. Il serait cependant assez singulier que les caractères botaniques qui ont déterminé la séparation du genre exostemma d'avec les quinquina, soient d'un ordre supérieur à ceux qui font différencier les genres cinchona et portlandia.

---

(1) Ayant remis une petite quantité de cette substance à M. Magendie, pour expérimenter physiologiquement sur des animaux, il ne lui a pas trouvé de propriété vomitive bien sensible; mais comme il n'a pu faire qu'une seule expérience et sur un chien, il ne regarde pas cette expérience comme décisive, le chien étant un animal qui vomit très-difficilement.

EXAMEN RAISONNÉ

Des principales préparations pharmaceutiques, ayant le quinquina pour base.

Admettant que le principe actif d'un quinquina réside dans la base alcaline qu'il contient, ce que j'ai cherché à démontrer dans un mémoire que j'ai lu à l'académie des sciences, conjointement avec M. Caventou, supposant d'ailleurs que la pratique médicale confirme cette assertion, ce que semblent déjà faire espérer les essais entrepris par plusieurs médecins qui se réservent de publier leurs observations particulières, nous devons inférer que dans les préparations pharmaceutiques du quinquina, on doit chercher à concentrer le principe actif, à le dégager des matières qui l'enveloppent et à le mettre dans l'état le plus propre à être absorbé par les organes. Il en résulte aussi que les différentes préparations décrites dans nos formulaires, sont d'autant meilleures qu'elles réunissent le plus grand nombre de ces conditions.

La première et la plus simple des préparations qu'on fait subir au quinquina est la pulvérisation ; lorsqu'on pulvérise cette écorce, l'on recommande de rejeter la première poudre obtenue, et l'on préfère la dernière ; cette méthode est très-judicieuse, la dernière poudre est la plus résineuse, et nous avons vu que c'était de la partie résinoïde du quinquina que nous obtenions le plus de cinchonine. Les dernières poudres doivent donc être plus actives que les premières.

La seconde préparation du quinquina est la décoction ; lorsque l'on soumet le quinquina à l'action prolongée de l'eau bouillante, la cinchonine qu'il contient unie à l'acide kinique se dissout, mais en même temps plusieurs autres substances se dissolvent; savoir : la gomme, l'amidon, la matière colorante jaune, le kinate de chaux, le tannin, et une portion de rouge cinchonique. Ces substances entraînent même une quantité notable de matière grasse. La décoction, claire tant qu'elle est bouillante, se trouble par le refroidissement, parce que le tannin s'unissant à l'amidon forme un composé insoluble à froid : une partie du rouge cinchonique et de la matière grasse se séparent aussi; malheureusement ces substances en se précipitant, entraînent avec elles une partie de la cinchonine.

On peut cependant parer en quelque sorte à cet inconvénient en augmentant la masse du dissolvant, on retiendra ainsi presque toute la cinchonine, et l'on pourra sans inconvénient filtrer la décoction froide et la rapprocher ensuite par évaporation; nous pensons donc que pour faire une décoction de quinquina il faut employer beaucoup d'eau, sauf à filtrer la liqueur froide et à la faire concentrer; on aura par ce moyen une décoction moins trouble, moins désagréable à prendre et jouissant de toute l'efficacité qu'on peut lui donner.

Passons maintenant à la préparation des extraits du quinquina : on en connaît deux; le premier, l'extrait mou, se prépare par décoction; le second, l'extrait sec ou sel de Lagaraie, s'obtient par macération à froid. L'extrait mou contient non-seulement tous les principes des quinquina solubles par eux-mêmes; mais encore plusieurs substances qui se dissolvent par l'intermède des premières à un certain degré de concentration. Nous proposerions donc pour améliorer cette préparation d'étendre d'eau froide les décoctions rapprochées du quinquina, de les filtrer et de les évaporer de nouveau en consistance requise. On aurait par-là un extrait qui, sous une masse donnée, contiendrait beaucoup plus de sel cinchonique, et aurait par conséquent plus d'efficacité.

Quant au sel de Lagaraie préparé par macération à froid, selon la méthode de l'inventeur, il est formé de kinate de chaux, de gomme, de matières colorantes, et contient très-peu de sel cinchonique; car, bien que ce dernier sel soit par lui-même assez soluble dans l'eau froide, il est tellement défendu dans le quinquina par la matière colorante rouge insoluble et par la matière grasse que l'eau l'attaque à peine. Le sel de Lagaraie doit donc être peu fébrifuge, ce que la pratique médicale avait déjà assuré, et ce qui vient à l'appui de notre manière de voir sur cet objet.

Après avoir examiné les principales préparations du quinquina opéré par l'intermède d'un fluide aqueux, passons à celles obtenues au moyen d'une liqueur alcoholique, et en tête nous placerons les teintures. D'après notre analyse les teintures du quinquina recèlent tout le principe actif de ces écorces, c'est-à-dire la base salifiable organique qu'elles contiennent combinées à un acide. Elles tiennent aussi en dissolution des matières colorantes et un peu de matière grasse; mais elles sont privées de gomme, d'amidon, de kinate de chaux, etc. Ces préparations doivent donc être très-énergiques et méritent toute la confiance des médecins quand il n'y a pas d'indication qui tendent à bannir l'emploi de l'alcohol qu'elles contiennent. On a quelquefois agité la question de savoir si la teinture de quinquina devait être faite avec de l'alcohol fort ou de l'alcohol faible; je crois maintenant la question résolue, il faut toujours employer l'alcohol fort dans ces sortes de préparations.

On ajoute quelquefois dans les teintures de quinquina un alcali ou base salifiable minérale; dans ce cas on s'empare de l'acide kinique et l'on met à nu la cinchonine, mais comme elle est soluble dans l'alcohol il n'y a pas d'inconvéniens. Il y en aurait un très-grand si on ajoutait un alcali minéral dans une décoction aqueuse de quinquina, on en précipiterait le principe fébrifuge : dans ces dernières préparations il vaut mieux ajouter un acide, par exemple, du suc de citron comme l'indiquent quelques praticiens ; on dégage ainsi avec plus de facilité la cinchonine des matières qui l'enveloppent.

M. le docteur Michel, chargé du service de l'hôpital à Rome pendant les guerres d'Italie, a employé avec avantage les décoctions acides de quinquina, dans les fièvres épidémiques qui régnaient alors ; il s'est surtout servi avec succès de l'extrait de quinquina uni au sulfate acide d'alumine.

On prépare depuis quelque temps un sirop de quinquina magnésien : ce sirop doit être banni de la pharmacie, la présence de la magnésie rend la cinchonine insoluble, et ce médicament doit avoir peu de propriété, surtout s'il est clair et transparent.

A la suite des teintures de quinquina on doit placer les vins. Pour les préparer, nous croyons qu'il importe d'employer des vins naturellement très-alcoholiques ; on doit rejeter les vins légers, tels que la plupart des vins blancs de nos contrées et préférer les vins d'Espagne ou des Canaries. Le sirop de quinquina préparé au vin, est incomparablement meilleur que celui fait avec des décoctions de cette écorce.

Pour terminer cette notice, nous devrions parler de l'action chimique qu'exercent sur le quinquina diverses substances médicamenteuses auxquelles souvent on l'associe ; mais ce serait entrer dans une trop vaste carrière : bornons-nous à deux ou trois associations qui nous paraissent les plus importantes.

On administre quelquefois le quinquina avec l'émétique, la réunion de ces deux substances en doses convenables produit un médicament qui n'est plus vomitif, et qui cependant est aussi fébrifuge que le quinquina pur. Ceci était difficile à expliquer lorsqu'on croyait que le quinquina devait sa propriété fébrifuge à l'espèce de tannin qu'il renferme, maintenant tout s'explique ; le tannin du quinquina s'unit à l'oxide d'antimoine de l'émétique et modifie son action sur l'économie animale, tandis que le sel de cinchonine reste libre avec toutes ses propriétés.

On a dans ces derniers temps proposé une *gélatine au quinquina* (M. Gauthier, pharmacien de Paris). Ici il doit se passer un phénomène analogue, la matière astringente du quinquina est précipitée par une partie de la colle animale, tandis que le sel cinchonique reste dans le surplus de la gélatine employée.

Il est au contraire quelques matières qu'on doit écarter des préparations de quinquina, ce sont particulièrement celles qui contiennent les acides gallique, oxalique et tartarique. Ces acides formant avec la cinchonine des sels peu solubles affaibliraient l'action du quinquina.

Après avoir examiné les principales préparations du quinquina déjà connues, qu'il nous soit permis d'en présenter quelques nouvelles qui résultent de notre analyse. Ces préparations dont l'emploi nous paraît devoir être très-avantageux dans quelques cas que les médecins sauront apprécier, consistent principalement dans quelques sels de cinchonine et de quinine. Ces sels sont particulièrement le sulfate et l'acétate de ces deux bases. Si la cinchonine et la quinine sont les principes actifs des quinquina, il n'y a pas de doute que leur emploi médical s'établira bientôt; mais l'insolubilité de ces substances pures serait un obstacle à leur administration; l'acétate et le sulfate de ces alcalis étant solubles sans être déliquescens, nous paraissent devoir réunir tous les avantages. Le sulfate de quinine particulièrement, a déjà réussi dans les mains d'habiles praticiens, ils se proposent de publier leurs observations.

Nous avons aussi préparé un *sirop cinchonique* qui contient réunies la cinchonine du quinquina gris et la quinine du quinquina jaune, à l'état de sulfate et dans la proportion d'un grain de chaque par once de liquide; ce sirop, remarquable par sa limpidité, peut entrer dans des potions, des tisanes, etc.; à dose égale il est beaucoup plus actif que le sirop de quinquina du Codex.

La préparation des sels cinchoniques est très-facile, puisqu'elle consiste dans l'union directe des acides avec la cinchonine ou la quinine; quant à l'extraction de ces deux bases, fidèle à notre système de n'avoir aucun médicament secret et de faire toujours part à nos confrères des résultats de nos recherches, nous en avons donné le procédé dans notre mémoire lu à l'académie des sciences; on peut y avoir recours.

NOTES

Sur la composition chimique des écorces de saule et de marronier d'Inde.

Après avoir terminé notre travail sur les quinquina, nous devions nécessairement nous occuper des succédanées de ces écorces, et rechercher si l'on pourrait retrouver la cinchonine, la quinine ou quelques substances analogues dans les végétaux de nos climats, qui passent pour fébrifuges. Dans le cas où nous aurions obtenu des résultats de ce genre, le succès nous aurait encouragés dans nos efforts: d'ailleurs les méthodes que nous avions trouvées, pour l'analyse des quinquina, eussent été applicables avec quelques modifications; mais n'ayant rien obtenu de satisfaisant, au bout de plusieurs semaines de recherches sur divers végétaux, nous avons cru devoir interrompre tout travail sur cet objet, ayant dans ce moment des occupations que le devoir ne nous permet pas d'ajourner. Nous croyons cependant devoir consigner ici un essai d'analyse des écorces de saule et de marronier d'Inde : ces écorces ayant été indiquées comme les meilleurs succédanées des quinquina, méritaient d'être comparées chimiquement à ces derniers, et devaient être examinées sous les mêmes points de vue, en employant les mêmes méthodes.

De l'écorce de saule (salix alba).

Après avoir épuisé de l'écorce de saule par l'alcohol, et avoir retiré un extrait résineux en évaporant l'alcohol (1), nous avons soumis cet extrait à l'action de l'eau. Il est resté non-dissoute une matière brune, rougeâtre, très-peu soluble dans l'eau, et une matière grasse, verte, soluble dans l'éther : cette matière grasse, verte est analogue à celle qu'on retire du quinquina gris.

La liqueur provenant du traitement de l'extrait résineux, par l'eau, se comportait de la manière suivante par les réactifs.

Elle rougissait la teinture de tournesol, ne précipitait ni par la noix de galle, ni par l'émétique, mais donnait un précipité abondant par la gélatine animale. Le sulfate de fer formait dans cette liqueur un précipité vert foncé, très-abondant; l'oxalate d'ammoniaque n'y formait qu'un louche léger ; le sulfate de baryte y déterminait l'apparition de quelques flocons solubles dans l'acide nitrique.

Ces essais préliminaires ne donnaient aucun indice de la présence de la quinine ou de la cinchonine, ces deux substances ayant la propriété d'être précipitées par la noix de galle et l'oxalate d'ammoniaque. Les précipités fournis par la gélatine et le sulfate de fer indiquent, au contraire, dans l'écorce de saule, une substance tannante, résultat de la combinaison d'un acide et d'une matière colorante. La non-précipitation par l'émétique montre, de plus, que cette matière tannante est différente de celle qu'on retrouve dans les quinquina. La liqueur aqueuse, dont une portion avait servi à faire ces essais, a été traitée par de la magnésie, qui s'est emparée de la matière colorante rouge, en formant avec elle une laque magnésienne de couleur rose.

(1) Les teintures alcoholiques faites à chaud laissent précipiter, par le refroidissement, quelques flocons d'une matière analogue à la cire.

Le liquide surnageant le précipité magnésien obtenu par filtration, était d'un jaune doré; sa saveur était légèrement amère; il n'était nullement alcalin, et ne rétablissait pas la couleur primitive du tournesol rougi par un acide. Cette liqueur précipite en blanc par la potasse; mais ce précipité totalement soluble dans l'alcohol, n'est que de la magnésie que la liqueur contenait à l'état salin.

L'acétate de plomb produit dans la liqueur un précipité assez abondant et la décolore, l'alcohol n'y fait pas de précipité; le sel magnésien qu'elle renferme paraît donc être soluble dans ce menstrue; du reste, nous n'avons pu en obtenir assez pour déterminer la nature de l'acide qu'il renferme.

Le précipité magnésien bien lavé, desséché et traité par l'alcohol, n'a abandonné qu'un peu de matière colorante non-alcaline : cette substance, en très-petite quantité, n'avait aucune analogie avec les alcalis de quinquina, et nous a paru être un peu de matière jaune retenue par la magnésie.

L'écorce de saule, épuisée par l'alcohol, a été traitée par l'eau bouillante; l'eau s'est chargée d'une nouvelle quantité de matière tannante; elle contenait aussi une matière gommeuse, mais nous n'y avons pas trouvé d'amidon. La partie ligneuse, insoluble dans l'eau, était encore très-colorée.

En parcourant les Annales de Chimie, nous avons trouvé au tome 30e., pag. 268, une analyse du saule blanc, par M. Bartoldi, professeur de chimie à Colmar. Cette analyse rentre entièrement dans la nôtre, et a le mérite de l'antériorité. Les moyens que nous avons employés sont cependant différens et plus appropriés au but que nous nous proposions.

Malgré le peu de succès de nos recherches, si la vertu fébrifuge de l'écorce de saule vient à être démontrée, nous pensons qu'il faudrait reprendre le travail et opérer sur de beaucoup plus grandes masses, peut-être alors obtiendrait-on quelques résultats plus satisfaisans.

De l'écorce du marronier d'Inde.

On a traité l'écorce du marronier d'Inde par l'alcohol ; les teintures évaporées ont donné un extrait résineux ; cet extrait abandonne à l'eau une matière astringente, rougeâtre ; à la surface de la liqueur vient surnager une huile verdâtre : une substance d'un brun rougeâtre reste non-dissoute.

La liqueur aqueuse filtrée rougit légèrement le tournesol, précipite abondamment par la gélatine, n'a pas d'action marquée sur l'infusion de noix de galle ou la solution d'émétique, mais précipite en vert foncé par le sulfate de fer : elle forme, avec le nitrate d'argent, un précipité soluble dans l'acide nitrique.

Cette liqueur, traitée par la magnésie, se dépouille de la matière colorante rouge qu'elle contenait, et après ce traitement, elle apparaît jaune. On voit donc que l'écorce de marronier d'Inde se comporte jusqu'ici comme celle de saule ; on peut cependant distinguer, dans cet instant de l'opération, d'une liqueur provenant du traitement de l'écorce de saule d'eau, une liqueur provenant du traitement de l'écorce de marronier. En effet, cette dernière conserve une odeur particulière et qui rappelle celle d'une décoction de cette écorce. Dans cet état, elle ne précipite plus par le sulfate de fer vert, ni par la gélatine ; elle ne précipite même que fort peu par l'acétate ordinaire de plomb ; mais l'acétate neutre de plomb y produit un magma volumineux ; dans ce cas l'oxide de plomb forme une combinaison insoluble avec une matière colorante jaune.

Si on verse de l'alcohol dans la liqueur magnésienne de l'alcohol rectifié, il se fait un dépôt formé par un sel magnésien ; on peut isoler la magnésie par la potasse, mais nous n'avons pu obtenir l'acide ou la petite quantité de sel magnésien.

La laque magnésienne, traitée par l'alcohol, n'a non plus fourni de principe analogue aux alcalis des quinquina.

L'écorce de marronier d'Inde, épuisée par l'alcohol, cède encore à l'eau de la matière colorante rouge, semblable à celle obtenue par l'alcohol. La liqueur contient aussi de la gomme, mais on n'y trouve pas d'amidon : après ces divers traitemens, le ligneux reste, mais encore fortement coloré.

Comparaison des produits de l'écorce de saule et de l'écorce de marronier.

Il suit des divers essais que nous avons faits sur les écorces de saule et de marronier, que la matière colorante rouge unie à un acide et formant une sorte de tannin est, dans les écorces de saule et de marronier d'Inde, la substance qui paraît jouer le plus grand rôle ; ces matières tannantes précipitent la gélatine, mais n'ont pas d'action sur l'émétique, en quoi elles diffèrent du tannin de la noix de galle et du quinquina, mais elles se rapprochent de la matière astringente de ces dernières écorces par leur action sur le sulfate de fer.

Les acides qui, dans ces écorces, concourent à la formation de la matière tannante, n'ont pas été obtenus en assez grande quantité pour qu'on pût déterminer leur nature ; on peut cependant présumer qu'ils ne sont pas semblables dans ces deux écorces, puisque celui de l'écorçe de saule forme, avec la magnésie, une combinaison soluble dans l'alcohol, tandis que celui de l'écorce de marronier forme, avec la même base, une combinaison insoluble dans l'alcohol. L'acide du saule donne, avec la magnésie, une combinaison soluble dans l'eau ; celui du marronier d'Inde donne, avec cette terre, un sel peu soluble, etc. Mais ces différences viendraient-elles de quelques substances étrangères à l'acide ? Cela pourrait être : du reste, n'ayant pu obtenir ces acides blancs et purs, nous ne pouvons rien dire de positif sur leurs propriétés.

Nous n'avons pu démontrer dans l'écorce de saule ni dans celle du marronier l'existence de matières analogues aux bases salifiables des quinquina ; cependant la matière colorante jaune de ces premières écorces, matière mise à nu par la magnésie, est légèrement amère : contiendrait-elle quelque trace de substance qui nous aurait échappé? Si cela est, ces matières sont du moins en bien petite quantité ; nous engageons donc les praticiens qui ont quelque confiance dans les vertus des écorces de marronier ou de saule, à n'employer ces écorces que dans le cas où il n'y aurait pas d'urgence : nous croyons même qu'une écorce bien avérée de quinquina d'une espèce inférieure ou d'un genre voisin, doit être toujours préférée à celle du saule ou du marronier.

OBSERVATIONS MÉDICALES

Sur l'emploi des bases salifiables des quinquina.

Dans un Mémoire que nous avons eu l'honneur de lire à l'académie des sciences, M. Caventou et moi, nous avions manifesté le désir de voir les médecins tenter quelques essais sur l'action que les bases salifiables des quinquina devaient selon nous avoir sur l'économie animale : nous n'avons pas tardé à être pleinement satisfaits. Plusieurs praticiens justement célèbres, ont employé la quinine et la cinchonine. non-seulement dans les fièvres intermittentes, mais dans beaucoup d'autres cas encore. Nous citerons particulièrement comme ayant fait spécialement usage de ces nouveaux médicamens, MM. Double, Fouquier, Chomel, Coutanceau, Magendie, Devèze, etc. Plusieurs de ces messieurs ayant bien voulu nous transmettre une analyse de leurs observations nous nous empressons d'en enrichir ce recueil.

Analyse des Observations de M. Double, *extrait de la* Revue Médicale, 6e. livraison, 1820;

Par M. Rouzet.

C'est dans les derniers jours de septembre et dans le courant d'octobre 1820, que M. Double a fait ses essais. On était alors, par rapport aux maladies régnantes, à la fin d'une catastase de fièvres intermittentes de divers types.

Première observation. — A la suite d'un séjour assez court dans la vallée de Palaiseaux (5 lieues nord-ouest de Paris) où les fièvres intermittentes étaient très-communes, la fille de chambre de M. D***, occupant une place importante dans l'université, contracta une fièvre intermittente tierce. A son arrivée à Paris, elle avait déjà eu trois accès bien complets, dont chacun avait duré de dix à douze heures. La malade n'éprouvait aucune douleur interne, ni pendant l'accès, ni hors de sa durée; il n'y avait point de symptômes d'irritation ni de gastricité. M. Double pensa que c'était le cas d'employer le nouvel alcali du quinquina. Il prescrivit donc neuf grains de sulfate de quinine, comme représentant la valeur environ d'une once de quinquina, à prendre en trois doses de trois grains chacune dans l'intervalle d'un accès à l'autre. L'accès suivant n'eut point lieu. Le lendemain et les deux jours suivans, la malade prit, matin et soir, une dose de quinine de quatre grains. Les six jours qui suivirent, elle continua la dose de quatre grains, mais le matin seulement. La fièvre n'a point reparu.

Deuxième observation. — La fille de M. le comte de H***, âgée de 9 ans environ, revenant d'Orléans, où les fièvres intermittentes régnaient en grand nombre, avait contracté une fièvre intermittente double-quarte, dont les accès très-intenses d'ailleurs, étaient de quatorze à quinze heures. Il s'était déclaré des symptômes d'embarras gastrique et un point douloureux avec tuméfaction à l'hypocondre droit. M. Salmade médecin ordinaire de la malade avait eu recours aux délayans et aux évacuans indiqués. M. Double proposa l'emploi du sulfate de quinine à la dose d'un grain seulement soir et matin, à raison de l'âge et de la faiblesse de l'enfant. L'accès qui suivit les trois premières doses fut très-retardé, et entièrement troublé dans sa marche. Le suivant manqua totalement. On continua pendant plusieurs jours le sulfate de quinine en en diminuant progressivement la dose. Tous les symptômes de dérangement des fonctions digestives disparurent, la douleur à l'hypocondre cessa, et la malade reprit ses forces.

Troisième observation. — La fille du général D***, d'une constitution lymphatique-nerveuse très-marquée, après avoir passé l'été à Nogent-sous-Vincennes, y fut prise d'une maladie aiguë qui ne présenta d'abord aucun caractère déterminé, mais qui après des soins divers, dirigés en raison des indications curatives qui s'offrirent au médecin ordinaire, prit évidemment le caractère intermittent, sous la forme quotidienne double-tierce. M. Double laissa filer quatre accès sans rien faire, pour bien caractériser la maladie; il donna ensuite le sulfate de quinine à la dose de deux grains soir et matin. La fièvre perdit d'abord de son intensité, et céda entièrement dès le troisième jour. La malade recouvra l'appétit, les forces et la santé plus promptement que sa constitution ne semblait le promettre.

Quatrième observation — La femme de chambre de madame Cl***, rue de l'Université, contracta dans la vallée de Montmorency, où elle avait passé la belle saison, une fièvre intermittente qui se montra successivement sous différens types. La fièvre présentait le type tierce, lorsque la malade arriva à Paris. On avait déjà employé sans succès les amers chicoracés et les évacuans. M. Double n'apercevant d'ailleurs dans l'état de la malade aucune complication qui fournît quelque indication particulière, prescrivit le sulfate de quinine, à la dose de huit grains, en deux prises de quatre grains chacune données dans le premier intervalle apyrétique; l'accès suivant manqua presque entièrement. L'emploi de la quinine fut continué pendant quelque temps. La fièvre ne reparut point et la malade se rétablit très-promptement.

Cinquième observation. — Madame Ch***, femme d'un architecte, ayant passé toute la belle saison à Paris, avait depuis plusieurs jours des accès de fièvre intermittente quarte dont le physique et le moral ressentaient de fâcheuses atteintes. Une complication gastrique bien manifeste, décida M. Double à commencer le traitement par un émétique qui fut pris le matin du jour du paroxysme. L'effet en fut satisfaisant; et cependant l'accès de ce jour n'en fut nullement affaibli. M. Double prescrivit de suite cinq doses de sulfate de quinine, de cinq grains chacune, à prendre dans l'intervalle de deux fois 24 heures que devait durer l'apyrexie. L'accès suivant manqua complétement. Continuation de la quinine à la dose de cinq grains soir et matin; régime très-léger, l'accès manque une seconde fois. Le sulfate de quinine produisait une excitation assez forte, et sa saveur donnait de la répugnance à la malade; on le suspendit sans que M. Double en fût prévenu. Madame Ch*** approchait de l'âge critique, et chez elle l'éruption des règles, quoique régulière, occasionait tous les mois un trouble assez considérable. Elle était parvenue à ce moment lorsqu'elle suspendit la quinine : le travail de la menstruation s'accomplit comme à l'ordinaire, mais avec les règles se déclara de nouveau la fièvre aussi intense que dans la première invasion, et dont le second accès confirma le type quarte. — Prescription, quatre grains matin et soir de sulfate de quinine, pendant l'intervalle apyrétique, dans un peu de pain enchanté, afin de masquer la saveur. L'accès qui devait arriver n'eut point lieu.

Pour prévenir la fâcheuse influence du retour prochain

des règles, M. Double fit continuer la quinine jusqu'après cette époque, d'abord à la dose de quatre grains tous les matins pendant dix jours, et ensuite d'un jour entre. Les règles parurent sans accident et sans ramener la fièvre.

Sixième observation. — Madame N***, mariée à un officier supérieur de gendarmerie, âgée de 50 ans environ, petite, maigre, d'une constitution nerveuse et très-irritable, était allée passer l'été dans l'Orléanais, près de Beaugenci. Elle y fut prise, vers la fin d'août, d'une fièvre quarte dont les accès étaient très-violens et très-longs. Ce fut sans succès qu'à la campagne comme à son retour à Paris, on employa tour à tour les boissons amères délayantes, les potions anti-spasmodiques, les évacuans, le vin de quinquina, et le quinquina en substance que l'estomac de la malade ne put supporter qu'à des doses insuffisantes. M. Double appelé en consultation le 1er décembre, conseilla le sulfate de quinine, qui fut prescrit à la dose de quatre grains soir et matin; il ordonna en même temps quelques tasses d'infusion légères de tilleul alternées avec l'eau de veau, dans laquelle on avait ajouté de la laitue et du cerfeuil. L'accès suivant n'eut point lieu. La malade continua la quinine aux mêmes doses, et le second manqua pareillement. Tel était l'état des choses, lorsque le mémoire de M. Double fut inséré dans la Revue médicale. J'ai su depuis qu'on avait continué pendant quelque temps la quinine, en diminuant progressivement les doses, et que la fièvre n'a point reparu.

Selon M. Double, le sulfate de quinine fatigue beaucoup moins l'estomac, et produit bien moins d'irritations que le quinquina en substance.

Afin de mieux apprécier les effets de cette nouvelle préparation sur l'économie vivante, ce savant praticien l'a employée dans trois autres circonstances pour lesquelles l'efficacité du quinquina est généralement démontrée : dans les convalescences longues et pénibles des fièvres muqueuses, tant chez les enfans que chez les adultes; dans les longues et interminables débilités d'estomac, qui s'opposent à toute sorte d'alimentation ; et après les crises des affections rhumatismales. Dans tous ces cas le remède était administré à de très-petites doses, en prenant toutefois en considération l'âge et le tempérament du malade, et presque toujours les résultats ont été très-satisfaisans.

Depuis la publication du mémoire de M. Double, M. Villermé a publié dans *les bulletins de la société médicale d'émulation de Paris*, cahier de janvier 1821, une observation qui lui est propre, sur l'heureux emploi du sulfate de quinine dans un cas de fièvre intermittente double-tierce. La malade avait eu quatre accès, dont les deux derniers plus longs et plus forts que les autres avaient duré chacun six à sept heures. Six grains du médicament furent pris dans l'intervalle apyrétique, et le cinquième accès n'eut pas lieu.

EXTRAIT D'UN MÉMOIRE

DU DOCTEUR CHOMEL,

Lu à l'Académie des Sciences,

Sur l'emploi de la quinine et de la cinchonine dans les fièvres intermittentes.

DEPUIS que le quinquina est devenu d'un usage général dans le traitement des fièvres intermittentes, on a senti qu'il serait avantageux de séparer des matières inertes avec lesquelles il est mêlé, le principe actif auquel ce médicament doit sa vertu fébrifuge. Les efforts des médecins et des chimistes sont long-temps restés sans succès.

Par une analyse plus exacte, un principe amer a été récemment séparé des autres principes du quinquina. Étudié dans sa nature et ses affinités, combiné comme les alcalis avec les acides, il a donné naissance à des sels particuliers. On a donné le nom de quinine au principe alcalin contenu dans le quinquina jaune ; on a nommé cinchonine celui des quinquina gris. Ces deux substances étant très-peu solubles, on les a combinées avec un acide, afin d'ajouter à leur énergie en augmentant leur solubilité ; on les a unies à l'acide sulfurique, avec lequel elles forment des sels qui ne sont pas déliquescens. M. Pelletier ayant bien voulu me remettre une assez grande quantité de sulfate de quinine et de sulfate de cinchonine, j'ai fait, à l'hôpital de la Charité, des recherches cliniques sur leur action.

Voici les règles que j'ai suivies dans l'administration de ces médicamens :

Je n'en ai fait usage que chez les individus chez lesquels la fièvre intermittente se montrait bien manifestement avec les caractères qui la distinguent.

Je ne les ai employés que dans les cas où rien n'annonçait que les accès dussent prochainement cesser.

Le changement de lieu et de régime chez les fébricitans, lors de leur entrée à l'hôpital, pouvant interrompre le cours des accès, j'ai toujours attendu que la fièvre eût reparu une ou plusieurs fois, avant d'administrer ces fébrifuges.

Par le même motif, lorsqu'un vomitif, un purgatif, une saignée, ont été prescrits, j'ai attendu que la fièvre se fût reproduite avant de faire usage du médicament dont je cherchais à reconnaître l'action. Chez un des malades que je soignais, la fièvre cessa spontanément après l'administration d'un vomitif.

J'ai toujours fait prendre les sulfates de quinine et de cinchonine dissous dans une ou deux cuillerées d'eau. Je les aurais enveloppés dans du pain à chanter ou dans l'épiderme d'un fruit, si les malades eussent éprouvé pour eux une très-grande répugnance. La petite dose à laquelle on les emploie en rend l'administration facile, et permet toujours d'en masquer la saveur. La première dose a été de six à huit grains chez la plupart des malades ; je l'ai doublée lorsqu'elle a été insuffisante. J'ai commencé par une dose beaucoup plus forte lorsque l'ancienneté ou l'opiniâtreté de la maladie portaient à croire que la quantité ordinaire serait insuffisante.

J'ai recommandé aux malades de prendre ces substances à jeun, dans les heures qui précédaient l'accès, et de ne porter aucun aliment dans l'estomac pendant les quatre ou cinq heures qui suivaient l'ingestion du médicament.

Je me suis conduit, du reste, d'après les règles établies pour l'emploi du quinquina. J'ai prescrit les sulfates de quinine et de cinchonine là où le quinquina aurait pu être employé ; j'en ai différé l'usage là où quelques indications préalables auraient fait retarder l'usage du quinquina lui-même.

La plupart des malades ont pris pour boisson, dans le jour, la solution de sirop tartareux, et le matin quelques tasses d'infusion de chicorée sauvage. Le régime a été réglé, comme chez les autres malades, d'après l'état des organes digestifs.

Voici les résultats que j'ai obtenus :

Sur treize individus atteints de fièvres intermittentes, et traités par le sulfate de quinine, dix ont été guéris ; deux n'ont éprouvé qu'une simple diminution dans leur accès ; chez un autre, ce remède n'a produit aucun effet sensible.

Sur les dix qui ont été guéris, cinq l'ont été par la première dose, cinq par la seconde.

Dans deux cas, le sulfate de quinine employé après le quinquina gris a paru agir avec plus d'énergie ; dans les trois cas où le sulfate de quinine a été impuissant, le quinquina n'a pas été plus efficace.

Le sulfate de quinine, administré une heure avant l'accès, n'a pas eu d'action marquée sur lui ; mais il a prévenu l'accès suivant.

La même substance, continuée à dose décroissante pendant huit jours, à la suite des fièvres quotidiennes, pendant quinze jours, à la suite des fièvres tierces, a prévenu chez tous les rechutes, qui sont si fréquentes à la suite de ces maladies. Cette circonstance est d'autant plus remarquable, que deux de ces sujets ont été saignés, que deux autres ont eu des indigestions, et que deux autres, ayant pris des bains, ont certainement été exposés à l'impression du froid en sortant de l'eau : toutes choses généralement considérées comme propres à produire des rechutes.

Les matières résineuses et ligneuses contenues dans le quinquina, administrées seules, c'est-à-dire, après avoir été séparées de la quinine, à la dose de deux onces, n'ont pas interrompu les accès, que le sulfate de quinine, employé seul ensuite, a immédiatement suspendus.

Quelques-uns des malades ont éprouvé des douleurs passagères, soit à la tête, soit à l'estomac, immédiatement après avoir pris le sulfate de quinine ; mais les mêmes sujets ayant pris, les jours suivans, le même remède à la même dose, ou à des doses plus fortes, n'ont rien senti de semblable.

Il me semble démontré, d'après tout ce qui précède, que la vertu fébrifuge du quinquina jaune réside, sinon exclusivement, du moins principalement, dans celui de ses principes auquel on a donné le nom de quinine.

Je pense que, dans presque tous les cas, on pourrait substituer les sels de quinine au quinquina en poudre, et que, dans un certain nombre, cette substitution serait profitable aux malades. Toutefois, si l'on avait à traiter un individu atteint d'une fièvre intermittente pernicieuse, je crois qu'il serait conforme aux règles de l'art d'employer alors la poudre de quinquina, dont une longue expérience a démontré l'efficacité, préférablement au sulfate de quinine, bien qu'il soit de toute probabilité que son action serait la même, en admettant qu'elle ne fût pas plus forte et plus prompte encore ; je dis plus prompte, parce que le principe médicamenteux, débarrassé des matières résineuses et ligneuses qui l'enveloppent, doit être plus promptement digéré et absorbé, et que dès lors son action sur l'économie doit s'opérer dans un temps plus court. J'ai essayé une fois le sulfate de quinine préparé avec de la quinine retirée du quinquina carthagène : il n'a pas réussi. Toutefois on ne doit pas en déduire la conséquence qu'il ne jouit d'aucune vertu fébrifuge.

Je n'ai fait prendre qu'une fois le sulfate de cinchonine ; il a interrompu l'accès à la dose de vingt grains, après les avoir seulement adoucis à la dose de six grains.

NOTE

Sur les propriétés physiologiques et médicamentales de la quinine et de la cinchonine ;

Par M. Magendie.

Dès que les alcalis des quinquina furent découverts, M. Pelletier voulut bien m'en confier une certaine quantité, afin que j'en étudiasse les propriétés sur les animaux.

On pouvait craindre en effet, que des substances analogues à la strychnine, à la brucine, à la morphine, pour les caractères alcalins, n'en présentassent aussi les effets vénéneux ; et bien qu'aucune préparation de quinquina n'offrît de propriétés délétères, il était important de lever toute incertitude à cet égard.

Je commençai par faire avaler à des chiens, des doses assez fortes soit de quinine, soit de cinchonine, et je n'en vis aucun effet appréciable résulter, il n'y eut ni nausées ni vomissemens, ni aucun genre d'évacuation. Je fis alors plusieurs dissolutions de sulfate et d'acétate de quinine et de cinchonine ; et j'en injectai depuis deux jusqu'à dix grains de l'une ou de l'autre dans les veines de plusieurs chiens. Ce moyen me mettait à même de déterminer sûrement, si les substances que j'essayais possédaient la moindre propriété vénéneuse. Mais je pus me convaincre qu'il n'en était rien, car aucun résultat sensible ne suivit ces diverses injections.

D'après ces premiers essais, on pourrait en toute assurance employer les nouveaux alcalis comme médicamens, car il n'existe aucune substance qui, étant active sur les chiens, ne le soit aussi sur l'homme, et réciproquement.

J'aurais bien désiré pouvoir étudier les effets des deux alcalis dans le traitement des fièvres intermittentes, mais il ne s'en offrit point dans ma pratique ; je me bornai donc à les employer dans des maladies plus connues, les affections scrofuleuses et les dispepsies des individus de constitution faible.

Dans ces deux genres d'affection, je n'ai eu qu'à me louer de mes essais, les meilleurs résultats en ont été la suite. Un de nos artistes les plus distingués se remit, du jour au lendemain, l'estomac avec une cuillerée à bouche de sirop de quinine ; depuis dix mois ce moyen ne lui a jamais manqué.

Une dame d'une complexion extrêmement délicate, a éprouvé un accroissement marqué de ses forces après l'usage du même sirop pendant huit jours.

J'ai vu aussi plusieurs enfans scrofuleux, à un degré assez avancé, et attaqués d'ulcères cutanés, ressentir aussi un mieux des plus prononcés, après quinze jours de l'emploi de la même préparation. Ces effets m'ont paru surtout remarquables sur l'enfant d'un général américain actuellement à Paris. Cet enfant, âgé de quatre ans, pouvait à peine se mouvoir il y a dix mois, ses cris étaient continuels, il ne mangeait point, pouvait à peine se tenir debout ; depuis six semaines qu'il prend environ deux grains de sulfate de quinine par jour, cet enfant n'est pas reconnaissable, son appétit est aujourd'hui très-vif, sa gaieté est revenue, sa marche est facile, et même il supporte les fatigues musculaires, beaucoup mieux qu'on aurait pu l'espérer. Un engorgement qui existait au genou a beaucoup diminué, et est devenu tout-à-fait indolent de très-douloureux qu'il était.

Je viens tout récemment d'arrêter complétement les sueurs nocturnes d'un phthisique, au troisième degré, par une dose de quatre grains de sulfate de quinine. J'en soutiens encore aujourd'hui la dose à deux grains chaque jour, et les sueurs qui ont cessé après dix jours, n'ont pas encore reparu, et les forces ont pris un accroissement qui surprend toutes les personnes qui entourent ce malade.

RAPPORT

Fait a l'Académie des Sciences,

Par MM. PINEL, THÉNARD et HALLÉ,

Sur un Mémoire de M. Chomel, *intitulé :* Observations *sur l'emploi des sulfates de quinine et de cinchonine dans les fièvres intermittentes.*

L'Académie nous a chargés de lui rendre compte d'un Mémoire de M. F.-J. Chomel, intitulé : *Observations sur l'emploi du sulfate de quinine et cinchonine dans les fièvres intermittentes.*

L'objet de l'auteur était de constater si les substances connues sous le nom de *quinine* et de *cinchonine*, c'est-à-dire, les alcalis caractéristiques des quinquina jaune et gris, combinés à l'état de sulfate, rendus plus solubles dans cette combinaison, et conservant sous cette forme l'amertume qui distingue les quinquina qui les fournissent, en conserveraient aussi la propriété fébrifuge dans des proportions comparables à celles dans lesquelles ils sont contenus dans les écorces dont on les extrait.

Il fallait pour cela donner ces sulfates à des malades auxquels on aurait jugé convenable de donner le quinquina lui-même. Il fallait aussi les donner dans des circonstances dans lesquelles il parût constant que les fièvres ne se seraient pas terminées spontanément en peu de temps, sans ce secours, ou celui du quinquina.

C'est ce que M. Chomel a fait, en ne donnant le sulfate que quand les accès se succédaient avec persévérance et sans perdre de leur intensité. En évitant de les donner après les influences qui peuvent changer la mesure et la marche de la fièvre, comme les changemens de lieu et de régime, l'effet d'un vomitif, et attendant alors qu'une suite d'accès eût annoncé que la marche de la maladie conserve sa persévérance, il a commencé presque toujours l'administration des sulfates par une dose de six à huit grains : il l'a augmentée ensuite, il l'a doublée si elle était insuffisante ; et dans les fièvres obstinées, il l'a portée encore plus haut en plusieurs prises.

Ce médicament a été donné le plus ordinairement dissout dans une ou deux cuillerées d'eau, et dans les heures qui précèdent l'accès. On a recommandé une abstinence absolue d'alimens pendant les quatre ou cinq heures qui en suivent l'administration : la boisson a été une eau acidulée avec le sirop tartareux et une infusion de chicorée sauvage.

Le nombre d'observations rapportées par M. Chomel est de quatorze : sur dix d'entre elles (de la 1re. à la 7e., et de la 11e. à la 13e.) la cessation de la fièvre a été due au sulfate de quinine ; elle a eu lieu, ou immédiatement après la première dose ou après la deuxième ; et dans ce dernier cas, l'accès qui avait suivi la première avait été considérablement affaibli. Les doses ordinairement efficaces ont été de six à douze grains : on les a portées une fois à 26. Le sulfate de cinchonine a été employé dans un cas seulement (la 14e. observation). Il a dû être porté de 6 à 20, et de 20 à 24 grains pour obtenir un effet complet. Dans deux observations, la 11e. et la 12e., le sulfate de quinine a été suivi immédiatement de succès, dans l'une à la dose de cinq grains seulement, dans l'autre à celle de huit et de douze grains, quoique dans la première le quinquina en substance eût été donné à la dose de demi-once, sans autre effet que le retard de l'accès et un peu de diminution dans son intensité et sa durée; et que dans la seconde l'extrait eût été donné, sans aucun effet, à la dose d'un grain.

Dans la 13e. observation, on avait mis en usage, sans aucun succès d'abord, la matière résineuse du quinquina à la dose d'une et de deux onces; puis la partie ligneuse à celle d'une once. En troisième lieu, le sulfate préparé avec la quinine extraite du quinquina de Carthagène donné à la dose de 24 grains; mais c'est immédiatement après ce dernier que le sulfate de quinine préparé avec la quinine extraite du quinquina jaune, donné à la même dose, a terminé définitivement la fièvre.

Enfin, dans trois observations (la 8e., la 9e. et la 10e.), l'effet a été nul ou incomplet aussi-bien après l'usage du quinquina qu'après celui du sulfate de quinine. Dans l'une de ces observations (la 8e.), la fièvre a cédé à l'usage des bains de vapeurs; dans une autre (la 10e.), on a obtenu la cessation absolue de la fièvre par l'interdiction absolue de toute autre boisson que de l'eau pure jointe à l'abstinence totale des alimens.

Dans tous les cas où le sulfate a réussi, on a eu soin de prévenir les rechutes en continuant pendant quelque temps l'usage du remède, après la cessation de la fièvre, mais à doses décroissantes.

Il y a deux cas, dans l'un desquels une saignée indiquée par une céphalalgie intense, et dans l'autre une indigestion n'ont point renouvelé les accès; ce qui cependant a lieu très-fréquemment après l'administration du quinquina.

Nous ne croirions avoir rempli qu'imparfaitement les désirs de l'Académie, si nous ne citions pas ici un Mémoire publié antérieurement à la lecture de M. Chomel, par M. Double, médecin d'une expérience très-étendue et d'un mérite bien connu, beau-frère de M. Pelletier, à qui nous sommes redevables de la découverte des deux alcalis dont il est ici question. Le Mémoire de M. Double contient les détails de six observations faites sur des fièvres tierces et double-tierces, quartes et double-quartes : les six malades étaient de différens âges; et dans ce nombre était un enfant de 9 ans, et une femme dont la santé était troublée par les irrégularités de l'âge critique. L'administration du sulfate de quinine a eu généralement un succès immédiat et complet, et presque toujours après les premières doses. Les doses journalières étaient partagées en plusieurs prises ordinairement données matin et soir. Les doses totales jusqu'au succès n'ont pas excédé celles qu'a employées M. Chomel dans les observations dont nous avons rendu compte.

Ainsi la somme totale des observations faites jusqu'ici, tant par M. Chomel que par M. Double, pour constater la propriété fébrifuge de la quinine et de la cinchonine données sous la forme de sulfates, est de vingt : une seule a été consacrée à l'épreuve du sulfate de cinchonine.

Parmi ces observations, dix-sept sont favorables aux espérances qu'on avait de trouver dans les sulfates de quinine et même de cinchonine, des fébrifuges qui pourront souvent remplacer le quinquina, avec l'avantage de pouvoir être donnés sous un volume qui en rendra l'administration généralement plus facile : il faut espérer que des observations ultérieures confirmeront ces premiers succès. Les trois observations qui n'ont pas été aussi heureuses, offraient des fièvres qui ont également résisté à l'usage du quinquina, et par conséquent elles ne détruisent pas les espérances que les autres font concevoir.

Ces mêmes observations autorisent à croire que, parmi les principes qu'on extrait des quinquina, la quinine et la cinchonine sont les seuls auxquels est véritablement attachée la propriété fébrifuge des écorces qui les fournissent. Cependant, les observations de M. Chomel peuvent donner lieu à une nouvelle question, si la quinine est un principe toujours identique et fébrifuge. Par lui-même, le principe extrait du quinquina Carthagène est-il véritablement une quinine? ou du moins, pourquoi ne paraît-il pas posséder dans son état de pureté, comme la quinine extraite du quinquina jaune, la propriété de former des sulfates fébrifuges (1)? Cette même observation conduit à demander si la quinine reconnue comme fébrifuge tire quelque avantage, pour la médecine, de son association dans les quinquina avec les autres principes contenus dans ces écorces.

Au reste, M. Chomel se propose de faire, par l'observation, un examen comparatif des différentes méthodes de traiter les fièvres intermittentes, en mettant en parallèle leurs moyens et leurs succès respectifs, ainsi que les phénomènes qui les accompagnent et les caractérisent, observés dans les différentes circonstances qui peuvent diversifier leurs avantages.

Nous pensons que les efforts de M. Chomel méritent d'être encouragés par l'approbation de l'Académie, et qu'il convient que son Mémoire, vu l'importance des résultats qu'il présente, soit imprimé parmi les Mémoires des savans étrangers, en y joignant toutefois comme complément historique, un extrait des observations déjà publiées par M. Double sur le même sujet.

Signé Pinel, Thénard, Hallé, rapporteur.

L'Académie approuve le rapport et en adopte les conclusions.

Certifié conforme à l'original :

Le secrétaire perpétuel conseiller d'état, officier de l'Ordre royal de la Légion-d'Honneur.

Signé Baron Cuvier.

(1) Cette réflexion de M. le docteur Hallé est tellement juste, que je vais m'empresser de préparer de la quinine de quinquina Carthagène, pour mettre M. Chomel, qui n'a fait qu'une observation avec cette quinine, à même de varier ses essais et d'éclaicir ce point important. Mais, en attendant, les pharmaciens devront toujours préparer leur quinine avec le quinquina jaune ou rouge. J. P.

www.ingramcontent.com/pod-product-compliance
Ingram Content Group UK Ltd.
Pitfield, Milton Keynes, MK11 3LW, UK
UKHW021109260726
13994UKWH00002B/813

9 782329 354057